Ostsee-Kreuzfahrt

Christian Nowak

▶ Dieses Symbol im Buch verweist auf den großen Faltplan!

Willkommen

Mein Kreuzfahrt-Höhepunkt	4
Erste Orientierung	6
Schlaglichter und Impressionen	8
Geschichte, Gegenwart, Zukunft	14
Essen und Trinken	16
Reiseinfos von A bis Z	18

Unterwegs auf der Ostsee

Städte an der Ostsee 15 x direkt erleben

Deutschland, Polen   28

Flensburg 28   Kiel 32
Lübeck/Travemünde 35   Rostock/Warnemünde 44
Sassnitz/Mukran 51
Danzig (Gdańsk) 56

direkt 1 | Moderne Seefahrerromantik an der Förde – Kiel   33
Museen für Entdecker und eine schöne Strandpromenade

direkt 2 | Auf den Spuren der Hanse – die Lübecker Altstadt   38
Fast jedes Haus erzählt eine Geschichte

direkt 3 | Stets das Meer im Blick – Spaziergang in Warnemünde   48
Direkt am Meer erinnert das noble Seebad Warnemünde
noch an den Beginn des Tourismus

direkt 4 | Bäderarchitektur auf Rügen – Bummel durch Sassnitz   52
Strandpromenade und weiße Bäderarchitektur aus Kaiser
Wilhelms Zeiten in Reichweite der berühmten Kreidefelsen

direkt 5 | Auferstanden aus Ruinen – Danzigs Rechtstadt   59
Prächtige Patrizierhäuser, gotische Kirchen und Stadttore,
glänzend restauriert nach den Zerstörungen im Zweiten Weltkrieg

Litauen, Lettland, Estland, Russland   62

Klaipėda 62
Rīga 64
Tallinn 72
St. Petersburg 80

| direkt 6 | **Von der Altstadt ins Jugendstilviertel – Rīga** | 66 |

Keine andere europäische Stadt besitzt eine solche Fülle an Jugendstilbauten wie die lettische Hauptstadt

| direkt 7 | **Ein Ausflug ins Mittelalter – die Altstadt von Tallinn** | 76 |

Enge Gassen, Fachwerkbauten, prächtige Kirchen, ein gotisches Rathaus und dazu das Panorama vom Domberg

| direkt 8 | **Bummel auf dem Nevskij – St. Petersburg** | 81 |

Flanieren über den Nevskij-Boulevard vorbei an Palästen der Zarenzeit und glitzernden Konsumtempeln

Finnland, Schweden, Dänemark 88

Helsinki 88 Stockholm/Nynäshamn 96
Visby (Gotland) 108 Rønne (Bornholm) 112
Kopenhagen 116 Malmö 128
Göteborg 133

| direkt 9 | **Architektur monumental und modern – Helsinki** | 92 |

Architektonische Vielfalt vom Klassizismus bis zur Moderne zeichnet die finnische Hauptstadt aus

| direkt 10 | **Vom Rathaus durch die City zum Schloss – Stockholm** | 102 |

Schwedens Hauptstadt punktet mit seiner Lage am Wasser und mit viel Grün

| direkt 11 | **Mittelalterliches Flair in Gotland – Spaziergang in Visby** | 110 |

Inmitten der alten Stadtmauern braucht es nur wenig Fantasie, um sich das mittelalterliche Leben in den Gassen vorzustellen

| direkt 12 | **Das ›Capri des Nordens‹ – Inselrundfahrt Bornholm** | 114 |

Mit ihren oft winzigen Häusern wirkt die Hauptstadt der kleinen dänischen Insel wie eine bunte Puppenstube

| direkt 13 | **Besuch bei der Kleinen Meerjungfrau – Kopenhagen** | 124 |

Zwischen Rathaus und Langelinie spaziert man in Dänemarks Hauptstadt vorbei an feinen Geschäften und urigen Kneipen

| direkt 14 | **Perle am Öresund – Malmös idyllischer Stadtkern** | 130 |

Klein und überschaubar präsentiert sich die Stadt auf der schwedischen Seite des Öresunds in ihrem idyllischen Zentrum

| direkt 15 | **Weltoffene Metropole im Westen – Göteborg** | 137 |

Maritimes Flair mit alten Schiffen, ein Opernhaus mit Marina, Prachtbauten am Kanal in Schwedens größter Hafenstadt

Register	140
Autor	144
Abbildungsnachweis	144
Impressum	144

Willkommen
Mein Kreuzfahrt-Höhepunkt

Am Newa-Ufer zeigt St. Petersburg seine ganze Pracht. Weithin sichtbar leuchtet die goldene Kuppel der monumentalen Isaakskathedrale. Nicht weit entfernt sticht die goldene Nadel der nicht minder imposanten Admiralität in den Himmel. Fast lückenlos reihen sich die Paläste aus der Zeit Zar Peters des Großen am Flussufer aneinander. Unvergesslich bleibt der Anblick des grün-weißen Winterpalasts und der Eremitage.

Erste Orientierung

Erlebnis Ostseekreuzfahrt

Auf die Gäste einer Ostseekreuzfahrt wartet eine spannende Entdeckungstour in mehr als ein halbes Dutzend Länder Europas. Wo sonst kann man in so kurzer Zeit so viele Länder und Städte kennenlernen? Schon in sieben Tagen ist eine abwechslungsreiche Ostseerunde möglich, in knapp zwei Wochen können praktisch alle Höhepunkte angelaufen werden. Seit Jahren lockt nicht mehr nur die skandinavische Seite der Ostsee, auch die kleinen baltischen Staaten haben viel zu bieten.

Die Gründe für die Beliebtheit von Ostseekreuzfahrten sind ganz praktischer Art: In der Regel beginnen und enden die Kreuzfahrten in einem deutschen Hafen, dadurch bleibt die Anreise zeitlich und finanziell überschaubar. Durch die kurzen Entfernungen zwischen den Häfen ist man fast jeden Tag an einem anderen Ort und hat viel Zeit für Landgänge. Mit ein wenig Glück werden selbst Menschen, die zu Seekrankheit neigen, keine Probleme bekommen, denn die Ostsee ist im Sommer oft spiegelglatt.

Die Abfahrthäfen

Die beliebtesten Abfahrthäfen in Deutschland sind Kiel und Rostock-Warnemünde. **Kiel** (▶ B 6/7, S. 32), das sich um die Förde schmiegt, besitzt eine lange Seefahrttradition und lohnt durchaus einen halben Tag Aufenthalt. Vor allem die Museen sind einen Besuch wert und ein Spaziergang auf der Strandpromenade hat bei schönem Wetter auch seinen Reiz. Einen weiteren halben Tag kann man im Schleswig-Holsteinischen Freilichtmuseum Molf-

Auch wenn mal kein Land in Sicht ist, erlebt man auf der Seereise romantische Momente

Erste Orientierung

see mit seinen vielen reetgedeckten historischen Gebäuden verbringen.

Das noble Seebad **Warnemünde** (▶ B 7, S. 48) lohnt in jedem Fall vor der Abfahrt oder am Ende der Kreuzfahrt einen Besuch. Wer noch einige Tage Zeit hat, kann am herrlichen Sandstrand entspannen. Eine rechtzeitige Quartiersuche ist ratsam, denn Warnemünde ist in der Hauptsaison oft ausgebucht.

Im nahegelegenen **Rostock** (▶ B 7, S. 44) gibt es wegen der Zerstörungen im Zweiten Weltkrieg nur noch wenige Gebäude, die an die Zeit der Hanse und der Backsteingotik erinnern. Doch als Universitätsstadt besitzt Rostock eine ausgeprägte Kulturszene.

Die Höhepunkte der Ostsee

Die Rum-Stadt **Flensburg** (▶ A 6, S. 28), früher einer der wichtigsten Anlaufpunkte der Westindiensegler, profitiert heute außer von deutsch-dänischem Flair davon, dass ihre Altstadt den Zweiten Weltkrieg fast unbeschadet überstand.

In **Lübeck** (▶ B 7, S. 35), einst wichtigste Hansestadt und Handelsmacht im Ostseeraum, hat fast jedes Haus der Altstadtinsel eine lange Geschichte zu erzählen, schaut man auf die monumentalen Kirchen, das Rathaus und die historischen Straßen und Plätze. Das traditionsreiche Seebad **Travemünde**, heute Ortsteil von Lübeck, bietet mit seiner lebhaften Strandpromenade, dem kleinen, gemütlichen Ort und dem schönen Sandstrand alles, was man von einem Sommerurlaub erwartet.

Die Hafenstadt **Sassnitz** (▶ C 6, S. 51) auf Rügen besitzt noch einige schöne weiße Häuser aus der Glanzzeit der Bäderarchitektur. Doch die größte Sehenswürdigkeit der Insel sind die nahe gelegenen Kreidefelsen des Königsstuhls und das Nationalparkzentrum Jasmund.

Das polnische **Danzig** (▶ E 6/7, S. 56) besitzt nach den Zerstörungen des Zweiten Weltkriegs heute wieder eine der schönsten Altstädte Europas, mit prächtigen Patrizierhäusern, gotischen Kirchen und Stadttoren. Im litauischen **Klaipėda** (▶ B 6/7, S. 62) blieb rund um den Theaterplatz die kleine Altstadt erhalten. Die lettische Hauptstadt **Rīga** (▶ H 4, S. 64) mit ihrer sehenswerten Altstadt ist vor allem für ihre Jugendstilgebäude bekannt. Estlands Hauptstadt **Tallinn** (▶ H 2, S. 72) beeindruckt mit einem historischen Stadtkern aus dem 13. und 14. Jh. innerhalb der fast vollständig erhaltenen Stadtmauer.

Für die alte Zarenstadt **St. Petersburg** (▶ K 2, S. 80), reich gesegnet mit Palästen und Reichtümern, allen voran die Eremitage, haben viele Veranstalter einen zweitägigen Aufenthalt vorgesehen – der Höhepunkt einer Ostseekreuzfahrt.

Auf der skandinavischen Seite der Ostsee wartet Finnlands Hauptstadt **Helsinki** (▶ H 2, S. 88) mit interessanter Architektur und die schwedische Hauptstadt **Stockholm** (▶ E 3, S. 96) mit ihrem historischen Kern Gamla stan und der grünen Museumsinsel Djurgården auf Entdeckung. Auch in **Visby** (▶ E 4, S. 108) auf der schwedischen Insel Gotland und in **Rønne** (▶ D 6, S. 112) auf der dänischen Insel Bornholm macht das Schiff fest, zumeist einen halben Tag. Beim Zwischenstopp in Dänemarks Hauptstadt **Kopenhagen** (▶ C 5, S. 116) kann man sich im Tivoli königlich amüsieren, beim Shopping viel Geld ausgeben, gut speisen und eine Vielzahl hochkarätiger Museen besichtigen. Gleich vis-à-vis am Öresund lockt klein und überschaubar das südschwedische **Malmö** (▶ C 6, S. 128) und, fast schon im Skagerrak, Westschwedens wichtigste Stadt, **Göteborg** (▶ B 4, S. 133).

Schlaglichter und Impressionen

Die Weißen Nächte

St. Petersburg ist berühmt für seine Weißen Nächte. Aber nicht nur in St. Petersburg ist dieses Phänomen zu beobachten, denn mit jedem Kilometer, den man im Sommer in Richtung Norden fährt, werden die Nächte immer kürzer. Die echte Mitternachtssonne ist zwar erst jenseits des Polarkreises auf 66,5° nördlicher Breite zu sehen, doch um die Zeit der Sommersonnenwende sind die Nächte auch weiter südlich nur noch kurz. So kann man während einer Ostseekreuzfahrt nicht nur in St. Petersburg, sondern auch in Helsinki, Tallinn und Stockholm weiße Nächte genießen. Und selbst auf der Höhe der Insel Gotland bemerkt man noch deutlich, dass es später dunkel wird als in Deutschland.

Für die Menschen im Norden ist dieses wochenlange Mehr an Licht ein gerechter Ausgleich für die endlos langen Winternächte. Je weiter man nach Norden kommt, desto mehr nutzen die Menschen die langen Tage. Zu später Stunde flanieren sie an den Ufern der Newa, treffen sich bei einem Picknick am Strand zum Sonnenuntergang oder setzen sich spontan ins Auto und machen eine Spritztour zu Freunden. Im Norden bewegt sich die Sonne stundenlang in der Nähe des Horizonts und sorgt für einen ewig langen Sonnenuntergang, der gleich wieder in einen ebenso langen Sonnenaufgang über-

Weiße Nächte in St. Petersburg

Schlaglichter und Impressionen

geht. Dieses samtige Licht des nordischen Sommers lässt nicht nur die Menschen aufleben, es lässt auch alles mit unwirklicher Intensität erglühen. Nicht umsonst haben unzählige Maler immer und immer wieder versucht, diese Lichtstimmungen einzufangen.

Die Ostsee – ein Binnenmeer

Die Ostsee, auch Baltisches Meer, Baltische See oder Mare Balticum genannt, ist das größte Brackwassermeer der Erde. Als die Ostsee vor rund 12 000 Jahren beim Abschmelzen der eiszeitlichen Gletscher entstand, war sie noch ein reines Süßwassermeer. Heute hat sie durch das Kattegat eine Verbindung zur salzhaltigen Nordsee. Doch ein Wasseraustausch durch diesen engen Flaschenhals ist nur begrenzt möglich. Vor allem die großen Flüsse Nord- und Nordosteuropas liefern laufend Nachschub an Süßwasser. Der Salzgehalt ist deshalb sehr unterschiedlich, im Westteil, dem Kattegat, das manche gar nicht mehr zur Ostsee zählen, liegt er im Schnitt fünfmal höher als im nordöstlichen Teil der Ostsee. Der Salzgehalt kann auch je nach Wetterlage schwanken, stürmische Winde führen zu einem schnelleren Wasseraustausch innerhalb der Ostsee und durch das Kattegat mit der Nordsee. Starke Niederschläge und die Schneeschmelze im Frühjahr vermehren dagegen den Süßwassereintrag über die Flüsse. Durch diese relativ großen Schwankungen des Salzgehaltes befindet sich das gesamte Ökosystem im Dauerstress, denn viele Pflanzen und Tiere besitzen nur eine geringe Toleranz gegenüber unterschiedlichem Salzgehalt. Ein guter Indikator für den Salzgehalt des Wassers ist der Seestern. Da er sich nur bei einem Salzgehalt von mindestens 0,8 % wohlfühlt, kommt er nur in der westlichen Ostsee vor, östlich von Rügen trifft man ihn fast nie an.

Land in Sicht

Die Schiffe fahren relativ häufig in Küstennähe oder durch Schärengärten, sodass es immer wieder Interessantes zu sehen gibt – die Ostseeküsten haben eine Vielfalt an höchst unterschiedlichen Landschaftsformen zu bieten.

Der schwedischen und finnischen Küste sind unzählige kleine und kleinste Inseln, die Schären, vorgelagert, manche unbewohnt, andere mit kleinen Ferienhäuschen und Bootssteg oder sogar dauerhaft besiedelt. Auf Bornholm, Gotland, Møn und Rügen sowie an der Nordküste Estlands findet man Kliffküsten, am bekanntesten sind die weißen Kreidefelsen des Königsstuhls. Charakteristisch für die Ostküste Schleswig-Holsteins sind lange, schmale Buchten, die Förden. Die vorpommersche Küste ist durch Boddenlandschaften geprägt. Bodden sind küstennahe Gewässer, die nur durch schmale Landbrücken aus Sand von der Ostsee getrennt sind. Zwischen Danzig und Klaipėda erstreckt sich eine Haff- und Nehrungsküste. Die bekanntesten Beispiele sind die fast 100 km lange Kurische Nehrung und das Frische Haff östlich von Danzig. Zu dieser Küstenart wird auch noch das Stettiner Haff gezählt. Die mit Brackwasser gefüllten Haffs entstehen vor Flussmündungen. Es lagern sich schmale Landzungen an, die Halbinseln bilden. Da durch die Flüsse ständig größere Wassermengen geliefert werden, bleibt immer eine Verbindung zum Meer offen.

Die Wikinger

Durch den Überfall auf das Kloster Lindisfarne vor der Nordostküste Englands im Jahr 793 gingen die Wikinger als beutegierige Räuber und Plünderer in die Geschichtsbücher ein. Ein Erfolgsgarant für ihre Beutezüge waren die schnellen Schiffe mit wenig Tiefgang,

Schlaglichter und Impressionen

Hanseatische Gastlichkeit erwartet Besucher im Haus der Schiffergesellschaft in Lübeck

die immer wieder Überraschungsangriffe ermöglichten.

Doch die meisten Menschen im Nordeuropa der rund 300 Jahre dauernden Wikingerzeit waren fleißige Bauern. Andere, wie die Waräger genannten Händler im östlichen Ostseeraum, erschlossen auf ihren Fahrten neue Handelswege und Märkte, gründeten Kiew und Nowgorod und sorgten für den Warenaustausch von und nach Byzanz und bis zum Schwarzen Meer. Im Nord- und Ostseeraum haben die Wikinger während ihrer relativ kurzen Blütezeit erstaunlich viele Spuren hinterlassen. Zwischen dem 8. und 11. Jh. gab es in Dänemark und Südschweden mehrere Ringburgen, eine von ihnen wurde in der schwedischen Hafenstadt Trelleborg zum Teil rekonstruiert. Südlich von Malmö wurde in Foteviken eine komplette Stadt aus der Wikingerzeit nachgebaut. Westlich von Stockholm lag auf einer heute unbewohnten Insel im Mälarsee die bedeutende Handelsstadt Birka. Archäologische Ausgrabungen haben dort eine Vielzahl von Funden zutage gebracht, die detaillierte Einblicke in das Leben und die Handelskontakte der Wikingerzeit geben. Im Stadsmuseum von Göteborg kann man die Reste eines Wikingerschiffs bewundern und auch im Historischen Museum (Historiska Museet) von Stockholm gibt es eine Wikingerausstellung.

Die Hanse

Der Zusammenschluss von Regionen zum wirtschaftlichen und politischen Vorteil ist keine neue Erfindung. Schon ab Mitte des 12. Jh., im Mittelalter, taten sich – höchst erfolgreich – deutsche Kaufleute zusammen, gründeten später die Hanse und bescherten dem Handel einen gewaltigen Aufschwung.

Wichtige Hansestädte an der Ostsee waren Lübeck, Wismar, Rostock, Stralsund, Greifswald, Stettin, Danzig, Königsberg, Memel (heute Klaipėda), Riga und Reval (heute Tallinn). Im 14. Jh. schließlich beherrschte die Hanse einen Wirtschaftsraum, der vom russischen

Schlaglichter und Impressionen

Nowgorod im Osten bis nach Brügge und London im Westen reichte. Bis zu 200 Städte umfasste die Hanse zu ihrer Blütezeit, sie war damit ein bedeutender Machtfaktor und besaß erheblichen politischen Einfluss.

Um die Belange dieser verzweigten Interessengemeinschaft besser koordinieren zu können, wurde der Hansetag ins Leben gerufen. Der erste fand 1356 in Lübeck – der reichsten Hansestadt – statt. Hier trafen sich die Abgesandten der Hansestädte, um über Handelsprivilegien und Handelsverträge zu diskutieren und die Neuaufnahme oder den Ausschluss von Mitgliedern zu beschließen. Mit dem Erstarken der Ostseeanrainerstaaten Mitte des 15. Jh. begann die Macht der Hanse zu bröckeln, viele Städte verließen den Bund, Privilegien wurden eingeschränkt und neue Märkte in Übersee erschlossen. So war es schließlich nur logisch, dass 1669 in Lübeck der letzte historische Hansetag stattfand.

Bedrohte Ostsee

Um die Ostsee steht es nicht gut. Von neun Anrainerstaaten umgeben, gilt sie vielen als das am stärksten verschmutzte und gefährdete Meer – weltweit. Die Liste der Probleme ist schier endlos.

Vor nicht einmal 100 Jahren war das Ostseewasser noch nährstoffarm. Mit der Intensivierung der Landwirtschaft stieg der Eintrag von Düngemitteln über die Flüsse rapide an, was übermäßiges Algenwachstum zur Folge hat. Meldungen über große Algenteppiche gibt es seitdem jeden Sommer. Sterben die Algen ab, entsteht bei ihrem Abbau giftiger Schwefelwasserstoff. Schon heute gelten 25 % des Meeresbodens als biologisch tot – Tendenz weiter steigend. Damit nicht genug: Ständig steigender Schiffsverkehr, ungeklärte Abwässer, Industrieprojekte, Brückenbauten, Offshore-Windanlagen und die Gaspipeline belasten die Ostsee weiter. Die meisten Maßnahmen zur Verbesserung der Wasserqualität, etwa die Einrichtung von Kläranlagen oder Schutzgebieten, wurden bislang nur lokal durchgeführt und die zwischenstaatliche Kommission, in der alle Ostseeanrainerstaaten vertreten sind, kann keine verbindlichen Regeln durchsetzen, nur Empfehlungen aussprechen.

Daten und Fakten

Name: Ostsee (Baltisches Meer)
Lage: zwischen der Flensburger Förde im Westen und St. Petersburg im Osten
Zeitzonen: Mitteleuropäische Zeit (MEZ) in Deutschland, Dänemark, Schweden; Osteuropäische Zeit (MEZ +1 Std.) in Litauen, Lettland, Estland und Finnland; MEZ +2 Std. in Russland
Fläche: 412 500 km^2 (mit Kattegat)
Größte Inseln: Seeland, Fünen, Saaremaa (Ösel), Gotland und Öland
Anrainerstaaten: Deutschland, Dänemark, Schweden, Finnland, Russland, Estland, Lettland, Litauen und Polen
Salzgehalt: zwischen 1,7 % im Kattegat und 0,3 % im Bottnischen Meerbusen
Wichtigste Zuflüsse: Oder, Weichsel, Düna, Memel, Newa und Torneälv
Tiefste Stelle: 459 m (Landsorttief nordwestlich von Gotland)
Durchschnittliche Tiefe: 52 m

Geschichte, Gegenwart, Zukunft

Auch wenn die Staaten des Ostseeraums ihre eigene nationale Geschichte und Identität besitzen, verbinden sie doch seit Jahrhunderten eine gemeinsame Geschichte und Kultur. Dazu hat vor allem der rege Handel beigetragen.

Die ersten Siedler

Mit dem Ende der letzten Eiszeit im Ostseeraum vor etwa 10 000 Jahren drangen Menschen, die von Jagd und Fischfang, später auch von Ackerbau und Viehzucht, lebten, dem zurückweichenden Eis nach Norden. Um 2000 v. Chr. löste die Bronzezeit die Steinzeit ab und kunstvolle Bronzegegenstände, z. B. in Dänemark gefundene Signaltrompeten (Luren), zeugen vom hohen Stand der Metallkunst jener Zeit. Die eindrucksvollsten Relikte aber sind rätselhafte Felsritzungen, die häufig in Küstennähe zu finden sind. Ab ca. 500 v. Chr. verdrängte das Eisen die Bronze, was zu einer Verbesserung der Werkzeuge führte. Bereits den Römern bekannt waren die Germanen, die wie Balten und Slawen Sprecher indogermanischer Sprachen, während in das heutige Gebiet Finnlands und Estlands, finnisch-ugrisch sprechende Völker einwanderten.

Von den Wikingern zur Hanse

Ab Mitte des 8. Jh. begann die rund 300 Jahre währende Wikingerzeit, benannt nach den als Wikinger bezeichneten Nordgermanen, die mit ihren schnellen Schiffen Raubzüge und Handelsreisen entlang der Ostseeküsten und Flüsse durchführten. Im heutigen Russland gründeten sie Handelsstationen und kurzlebige Reiche. Sie erreichten das Schwarze und Kaspische Meer, trieben Handel mit Byzanz und der arabischen Welt. Entgegen der landläufigen Meinung waren sie nicht nur plündernde Raufbolde, sondern auch geschickte Händler und erfolgreiche Siedler. Auch im späteren Mittelalter, in der Blütezeit der Hanse im 14. und 15. Jh., war die Ostsee noch wichtiger Verkehrs- und Handelsweg (s. S. 11).

Mit Schwert und Bibel

Im 9. Jh. begann die Christianisierung, die jedoch nur langsam vorankam und die alte nordische Götterlehre konnte sich vielerorts noch bis weit ins 12. Jh. hinein halten. Von Osten drang die Lehre der orthodoxen Kirche aus Konstantinopel über Russland bis Finnland vor. Im südlichen Ostseeraum begann der 1202 gegründete Schwertbrüderorden mit der Unterwerfung des Baltikums, später zusammen mit dem Deutschorden. Konflikte mit dem seit 966 christlichen Polen waren die Folge. Welchen Machtfaktor der Deutschorden darstellte, dokumentieren die Ordensburgen, deren Reste in Memel (Klaipėda), Rīga, Reval (Tallinn) erhalten blieben. Sie waren zugleich Kloster und Festung.

Die Großmachtzeit

Zwischen 1397 und 1523 waren Dänemark, Norwegen und Schweden in der Kalmarer Union unter dänischer Krone vereinigt. Nach dem Ende der Union stieg Schweden zur Großmacht auf, im frühen 18. Jh. erlangte das russische Zarenreich mehr Macht an der Ostsee. Die Reformation setzte sich ab Mitte des 16. Jh. in den meisten Ostseeländern durch, nur Litauen und Polen blieben katholisch und Russland orthodox.

Geschichte, Gegenwart, Zukunft

Weltkrieg und Kalter Krieg

Im Zweiten Weltkrieg war die Ostsee tragischer Schauplatz nicht nur für erbitterte Kämpfe zwischen den deutschen und sowjetischen Flotten, sondern auch Fluchtweg für zahllose Vertriebene – die politische Landkarte war nach 1945 im südlichen Ostseeraum durchgreifend verändert. Während das neutrale Schweden und das besetzte Dänemark – außer Bornholm – praktisch keine Schäden erlitten hatten, war das seit 1919 unabhängige Finnland in die deutsch-sowjetischen Kämpfe hineingezogen worden. Die Verschiebung Polens nach Westen mit Oder und Neiße als Grenze und die deutsche Teilung prägten die Periode des Kalten Krieges.

Gegenwart und Zukunft

Nach dem Ende des Kalten Krieges verschwanden die DDR und die Sowjetunion als Staaten, die vormaligen Sowjetrepubliken Estland, Lettland und Litauen errangen 1988 mit der ›Singenden Revolution‹ ihre Unabhängigkeit. Mit den offenen Grenzen wurde das Wirtschafts- und Wohlstandsgefälle im Ostseeraum offensichtlich. Vor allem die baltischen Staaten, aber auch Polen schafften es relativ schnell, sich neu zu orientieren. Von den EU-Beitrittsländern im Ostseeraum haben mittlerweile Finnland (2002), Estland (2011), Lettland (2014) und Litauen (2015) den Euro eingeführt.

Heute ist die Region durch zahlreiche Kultur-, Handels- und Wirtschaftsprojekte eng miteinander verzahnt. Eines der positivsten Beispiele für länderübergreifende Zusammenarbeit ist die seit dem Jahr 2000 bestehende Öresundregion zwischen Kopenhagen und Malmö. Seit 1991 gibt es den Ostseerat, dem neben den EU-Mitgliedern unter den Ostseeanrainerstaaten auch Russland angehört.

Durch die Wirtschafts- und Finanzkrise wurden die bis dahin boomenden baltischen Staaten und Polen empfindlich getroffen. Ein liberales Geschäftsklima, unternehmensfreundliche Steuerpolitik u. a. geben der Wirtschaft jedoch eine gute Prognose. Für Streit sorgte die 2011 eingeweihte Ostseepipeline, die russisches Erdgas auf direktem Weg nach Deutschland leitet.

Geschichtsträchtige Mauern: der Domberg in Tallinn

Essen und Trinken

Schlemmen an Bord

Vollverpflegung – nein, man muss es kulinarischen Genuss nennen – ist ein wichtiger Bestandteil jeder Kreuzfahrt (s. S. 23). Vom Frühstücksbuffet bis zum Mitternachtssnack kann man nach Herzenslust schlemmen. Auch wenn die Verlockungen an Bord noch so vielfältig sind, wäre es doch schade, nicht wenigstens hin und wieder während der Ausflüge etwas von den landestypischen Spezialitäten zu probieren.

Deftig und kräftig

Auch wenn die Restaurantszene in Danzig weitgehend internationalisiert ist, gibt es noch, die typisch polnische und kaschubische Küche. Hering in allen Variationen – in Öl, in saurer Sahne, mit Knoblauch – ist immer eine gute Wahl. Übrigens auf der gesamten Reise, denn Hering steht in allen Ostseeländern auf der Speisekarte. Sie glauben gar nicht, auf wie viele Arten man ihn zubereiten kann.

Piroggen *(Piroschki)*, mit Fleisch, Fisch, Pilzen, Käse oder Quark gefüllte Teigtaschen, Gemüsesuppe *(Soljanka)* oder Rote-Beete-Suppe *(Borschtsch)* bekommen Sie nicht nur in Danzig, sondern auch im Baltikum und natürlich in St. Petersburg. Neben Piroggen sind die Pfannkuchen *Blini* weitere Vorspeisenklassiker.

Wenn Sie es einfach, deftig und kalorienreich mögen, wird ihnen die baltische Küche gefallen. Typisch für Litauen sind *Cepelinai*, mit Fleisch gefüllte Kartoffelklöße, *Kugelis*, Kartoffelpuffer, und *Suktinai*, Rouladen mit Speckfüllung.

Das lettische Traditionsgericht sind graue Erbsen mit Speck und mit diversen Sauerkrautsorten. Wenn Sie auf einer lettischen Speisekarte *Ķiploku grauzdiņi* finden, handelt es sich um Häppchen aus dunklem Brot, die in Öl, Butter und Knoblauch geröstet wurden. Manchmal werden sie auch mit geschmolzenem Käse serviert. Noch warm schmecken sie am besten und sind ein hervorragender Snack zum Bier.

Die Esten lieben Kalbfleisch in Aspik *(Sült)*, gefüllten Kalbsbraten *(Taidetud basikarind)*, eingelegten Hering mit Rüben *(Rossolye)* und Sauerkraut mit Grütze *(Mulgi)*. Beliebt sind auch Fischgerichte, mit Strömling (Ostseehering), wie *Silk* oder *Tallinna kilu*.

Getränke – schwarz und gesund

Die ›russische Coca Cola‹, *Kwas*, ist ein leicht gäriges dunkles Gebräu, das man in Russland schon länger trinkt als Bier, *Kwas* enthält wenig Alkohol und wird aus Roggenbrot gebraut. Die Esten, Letten und Litauer sind stolz auf ihre einheimischen Biere, probieren Sie in Estland ein Saku Originaal, oder A. Le Coq, in Lettland ein Cēsis und in Litauen ein Kalnapilis. In Lettland sollten Sie unbedingt Rīgas Melnais Balzams kosten, ein Schnaps schwarz wie Motoröl mit einem Geschmack, der an Hustensaft erinnert – angeblich das Heilmittel für und gegen alles. Der bekannteste Likör Estlands ist Vana Tallinn, der sich auch mit Eiscreme oder Sahne trinken lässt.

Typisch skandinavisch

Wenn es ums Essen geht, denkt man bei Schweden vor allem an Hering, Lachs und Knäckebrot. Besonders beliebt ist das *smörgåsbord*, wörtlich

Essen und Trinken

übersetzt eine Kombination aus Tisch *(bord)* und Butterbrot *(smörgås)*. Schaut man auf die Fülle der Köstlichkeiten, die heute zu einem *smörgåsbord* gehören, dann ist die ursprüngliche Bedeutung nur noch als typisch schwedisches Understatement zu bezeichnen. Auf dem Buffettisch türmt sich eine reiche Auswahl an warmen und kalten Speisen, die einen repräsentativen Querschnitt durch die gesamte schwedische Küche bietet. Unverzichtbarer Bestandteile sind Hering *(sill)*, Lachs *(lax)* und Krabben *(räkor)*.

Der auf schwedische Art gebeizte *gravad lax* hat eine lange Tradition. Mit einer Salz-Zucker-Mischung und Gewürzen behandelter Lachs, unter leichtem Druck luftdicht verpackt, hält sich einige Wochen an einem kühlen Ort – früher legte man ihn in einer Grube oder in den Keller – daher gravad lax, ›vergrabener Lachs‹. Heute ist er eine gefragte Delikatesse, nicht zuletzt wegen der unverzichtbar dazu gereichten süßen Senf-Dill-Sauce *(hovmästarsås)*.

Berühmt ist Schweden – ebenso wie Dänemark – für süß-sauer eingelegten Hering *(sill)*. Unzählige Varianten gibt es von dieser Leckerei: *senapssill* (Sahnesauce mit Senfgeschmack), *dillsill* (Dillsauce) oder *glasmästarsill* (süße Essigsauce mit Karotten und Zwiebeln). Egal welchen Heringshappen man kostet, die skandinavische Vorliebe fürs Süße ist unverkennbar.

Kaffee und Kuchen

Bei jedem Landgang am Nachmittag können Sie sich mit süßen Kleinigkeiten verwöhnen. Ein Stück Marzipantorte in Lübeck gehört quasi schon zum Pflichtprogramm, in St. Petersburg verlocken süß gefüllte *Blini* (Pfannkuchen). In Tallinn fällt die Wahl besonders schwer, denn fast an jeder Ecke gibt es ein Café und viele bieten hausgemachte Pralinen an. Auch die Skandinavier lieben Süßes zum Kaffee, ob ein Plunderteilchen, dänisch *wienerbrød* oder eine Zimtschnecke, auf Schwedisch *kanelbulle*.

Beim Landgang macht man Bekanntschaft mit der Küche der Ostseeländer, hier in Helsinki

Reiseinfos von A bis Z

An- und Abreise

Bei vielen Anbietern kann man zwischen individueller und organisierter An- und Abreise wählen. Bei Kreuzfahrten ab/bis Deutschland kommt auch eine Anreise mit dem eigenen PKW, per Bus oder mit der Bahn infrage. Die Pauschalvariante ist oft die günstigere und bequemere, denn in diesem Fall übernimmt der Veranstalter auch den Transfer zum Schiff. Ein weiterer Vorteil ist, dass man sich keine Gedanken um die Folgen eventueller Anreiseverspätungen machen muss. In jedem Fall sollte man sich frühzeitig am Terminal einfinden und einkalkulieren, dass größere Häfen sehr weitläufig und unübersichtlich sind. Wenn man die An- und Abreise mit dem Veranstalter gebucht hat, kann man unter Umständen eine kurze Sightseeingtour mit dem Transferbus buchen.

Aus- und Einschiffung

Einschiffung

Die Einschiffung ist eine langwierige Prozedur und kann, abhängig von Hafenbehörde und Schiffsgröße, mehrere Stunden dauern. Mit den Reiseunterlagen erhält man alle wichtigen Informationen zur Einschiffung. In der Regel läuft die Prozedur folgendermaßen ab: Bei der Ankunft am Terminal gibt man den Koffer ab, der von der Besatzung in die Kabine gebracht wird, was bei großen Schiffen einige Stunden dauern kann. Danach geht man zum Check-in und bekommt den Bordpass bzw. die Bordkarte. Passagiere und Handgepäck werden – ähnlich wie am Flughafen – einer Sicherheitsprüfung unterzogen. Danach kann man entweder gleich aufs Schiff oder wartet in einer Abfertigungshalle auf den Aufruf.

Bordkarte

Beim Check-in wird jeder Reiseteilnehmer fotografiert. Dieses Foto findet man auf der Bordkarte wieder, die man spätestens beim Betreten der Kabine ausgehändigt bekommt. Diese Bordkarte ist eines der wichtigsten Utensilien während einer Kreuzfahrt. Sie dient als Kabinenschlüssel und bargeldloses Zahlungsmittel auf dem Schiff (s. S. 19).

Die Bordkarte dient zudem noch als persönlicher Ausweis, mit ihm meldet man sich beim Verlassen des Schiffes ab und bei der Rückkehr wieder an. Dadurch wird gewährleistet, dass keine Fremden auf das Schiff kommen und der Kapitän weiß, ob alle Passagiere nach einem Landgang wieder an Bord sind. Letztmalig braucht man die Bordkarte bei der Ausschiffung, danach kann man sie als Souvenir mit nach Hause nehmen.

Ausschiffung

Am Tag vor der Ausschiffung gibt es eine Informationsveranstaltung, auf der die Gäste über die Formalitäten unterrichtet werden. Üblicherweise muss das Gepäck am Abend vor die Kabine gestellt werden, damit es während der Nacht abgeholt werden kann. Jedes Gepäckstück bekommt einen farbigen Anhänger mit Namen, Heimatanschrift und Zielort. Die Farben dienen dazu, das Gepäck dem richtigen Transportmittel und Zielort zuzuordnen. Den klei-

Reiseinfos von A bis Z

nen Abschnitt des Gepäckanhängers behält man als Beleg. Auch die Ausschiffung der Passagiere erfolgt in Gruppen nach den Farben der Gepäckanhänger. Vor dem Terminal warten dann die Busse in Reih und Glied, man muss nur noch den richtigen finden.

> Nehmen Sie ein **Fernglas** mit auf die Schiffsreise, es gibt immer wieder Möglichkeiten, Seevögel, andere Schiffe oder auch interessante Details an Land zu beobachten.

Bordprogramm

Tagesprogramm

Das Tagesprogramm wird in der Regel schon am Vorabend in die Kabine geliefert. In ihm sind alle Aktivitäten des nächsten Tages aufgeführt. Es enthält den Wetterbericht und informiert darüber, welcher Hafen angefahren wird und wann die gebuchten Ausflüge stattfinden. Im Tagesprogramm kann man auch nachlesen, wann man nach einem individuellen Landgang wieder an Bord sein muss.

Sport und Wellness

Je größer und moderner das Schiff, desto besser und vielfältiger sind auch die Sport- und Wellnessangebote. Sauna, Fitnessstudio und Pool können in der Regel kostenlos genutzt werden. Darüber hinaus gibt es noch verschiedene Thermen, es werden Massagen und Schönheitsbehandlungen angeboten, oft auch Aerobic, Frühsport, Stretching, Gymnastik, Entspannungsübungen, Yoga und Tai Chi. Wenn die Witterung es zulässt, trifft man sich unter freiem Himmel auf den oberen Decks. Wer möchte, kann morgens und abends auch die Joggingstrecken auf dem Schiff nutzen. Auf den Sonnendecks kann man in bequemen Liegestühlen entspannen. Besonders beliebt sind Plätze auf den Sonnendecks an Seetagen ohne Landgang. Da kann es schon mal vorkommen, dass die besten Plätze schon frühzeitig belegt sind.

Bordsprache

Bei internationalen Anbietern erfolgen die Informationen und Ansagen mehrsprachig, oft auch auf Deutsch, in jedem Fall aber auf Englisch.

Unterhaltung

Selbst an Seetagen wird es an Bord nie langweilig. Neben der Entspannung auf dem Sonnendeck oder am Pool wird eine Vielzahl an Aktivitäten angeboten. Das Programm ist so umfangreich, dass man einige Tage braucht, bis man alle Möglichkeiten erkundet hat. Es werden u. a. Tanz-, Computer-, Sprach-, Koch-, Mal-, Bastelkurse oder Kurse für digitale Fotografie und Video angeboten. Manchmal reisen Prominente mit, die an Bord Vorträge halten. Abends werden Shows und Livemusik geboten. Das Repertoire reicht von Varieté und Zirkusdarbietungen über Comedy-Shows und Coverbandauftritten bis zu klassischen Darbietungen. In der Regel gibt es auch einen Nachtclub. Stöbert man in den Programmen diverser Veranstalter, scheint es fast, dass es nichts gibt, was es nicht gibt.

Einrichtungen an Bord

Wie in einem guten Hotel ist auch auf dem Schiff die **Rezeption** rund um die Uhr besetzt. Dort werden Fragen beantwortet und man versucht, Probleme zu lösen. Hier kann man auch Bargeld vor dem nächsten Landgang in die jeweilige Landeswährung tauschen.

Reiseinfos von A bis Z

An Bord kann man in **Shops** und **Boutiquen** nicht nur die wichtigsten Dinge des täglichen Bedarfs, sondern auch Souvenirs bekommen.

Die meisten Schiffe verfügen über eine **Bücherei,** die ein Sortiment an Literatur, Sachbüchern und Tageszeitungen bereithält.

Das **Reisebüro** oder Tour Office an Bord informiert über Landausflüge, die man buchen kann. Die Sprechzeiten findet man im Tagesprogramm.

Viele Schiffe haben einen **Waschsalon,** in dem man Wäsche selbst waschen, trocknen und bügeln kann – dieser Service ist kostenlos, Waschpulver muss man entweder selber mitbringen, oder im Shop kaufen. Man kann aber auch Kleidung zur Reinigung abgeben und bekommt sie fertig in die Kabine geliefert.

Geld

An Land

In Polen, Litauen, Lettland, Russland, Schweden und Dänemark kann man nicht mit Euro bezahlen. Wer individuelle Landgänge plant, muss sich die jeweilige Landeswährung (s. Tabelle) entweder schon zu Hause besorgen oder an der Rezeption. Auf manchen Schiffen gibt es auch einen Geldautomaten. Geldautomaten findet man außerdem in allen Städten unterwegs, nur muss man vielleicht ein wenig suchen, bis man den Taxifahrer bezahlen kann.

Die Ostseeländer im Überblick

Land	EW in Mio	Kreuzfahrthäfen	EW in 1000	EU-Mitglied
Deutschland	81,8	Flensburg	84	ja
		Kiel	240	
		Lübeck	210	
		Rostock/Warnemünde	200	
		Sassnitz	10	
Polen	38,1	Danzig	460	ja
Litauen	3,3	Klaipėda	163	ja
Lettland	2,3	Rīga (Hauptstadt)	700	ja
Estland	1,3	Tallinn (Hauptstadt)	430	ja
Russland	145,0	St. Petersburg	4900	nein
Finnland	5,4	Helsinki (Hauptstadt)	621	ja
Schweden	9,3	Stockholm (Hauptstadt)	868	ja
		Visby	23	
		Malmö	313	
		Göteborg	533	
Dänemark	5,5	Kopenhagen (Hauptstadt)	570	ja
		Rønne	14	

Reiseinfos von A bis Z

An Bord

Jeder Reisende bekommt ein Bordkonto, entweder durch die Registrierung einer Kreditkarte oder eine Geldeinlage auf der Bordkarte. Alle nicht im Reisepreis enthaltenen Leistungen wie Einkäufe, Getränke an der Bar oder Wellness-Behandlungen werden während der Reise bargeldlos über die Bordkarte abgewickelt. Einzige Ausnahme ist das Casino, das nur Bargeld in der jeweiligen Bordwährung akzeptiert.

Die Endabrechnung bekommt man am frühen Morgen des Ausschiffungstages in die Kabine geliefert. Wer sich für die Kreditkartenabrechnung entschieden hat, braucht nur noch die Rechnung zu überprüfen. Wer die Bargeldvariante gewählt hat, muss vor der Ausschiffung zur Rezeption und dort die Rechnung begleichen – und unter Umständen Schlange stehen.

Gesundheit

Medizinische Versorgung

Alle Schiffe haben medizinisches Personal an Bord, das bei Erkrankungen und Notfällen Erste Hilfe leisten kann. Größere Schiffe haben sogar ein Krankenhaus. Bei schwerwiegenden Erkrankungen und Risikofällen wird der Patient in der Regel im nächsten Hafen ausgeschifft. Wer medizinische Leistungen in Anspruch nimmt, muss diese in der Regel bar bezahlen und bekommt sie höchstwahrscheinlich auch nicht von

Währung (Umrechnungskurse Stand 2/2015)	Landes-vorwahl	Zeit
Euro (1 € = 1,05 CHF/1 CHF = 0,95 €)	0049	0
Polnischer Zloty (1 € = 3,96 Zł / 1 Zł = 0,25 €) (1 CHF = 3,39 Zł / 1 Zł = 0,29 CHF)	0048	0
Euro	00370	+ 1 Std.
Euro	00371	+ 1 Std.
Euro	00372	+ 1 Std.
Russischer Rubel (1 € = 75,6 RUB / 100 RUB = 1,32 €) (1 CHF = 71,8 RUB / 100 RUB = 1,39 CHF)	007	+ 2 Std.
Euro	00358	+ 1 Std.
Schwedische Krone (1 € = 9,41 SEK / 1 SEK = 0,11 €) (1 CHF = 8,93 SEK / 1 SEK = 0,11 CHF)	0046	0
Dänische Krone (1 € = 7,44 DKK / 1 DKK = 0,13 €) (1 CHF = 7,06 DKK / 1 DKK = 0,14 CHF)	0045	0

Reiseinfos von A bis Z

der Krankenkasse erstattet. Es empfiehlt sich daher eine Auslandskrankenversicherung abzuschließen, die diesen Fall einschließt. Bei Notfällen an Land sind die jeweiligen Häfen oder die regionalen Notrufe zuständig. Wer schon vor Reiseantritt weiß, dass er ärztliche Betreuung benötigt, muss dies mit dem Reiseveranstalter im Vorfeld abklären. Benötigte Medikamente sollten unbedingt in ausreichender Menge auf die Schiffsreise mitgebracht werden.

Seekrankheit

Die sommerliche Ostsee zählt eher zu den ruhigen Meeren, zudem besitzen moderne Schiffe Stabilisatoren, die vor allem die Rollbewegungen mildern. Wer weiß, dass er empfindlich reagiert, kann sich schon zu Hause in der Apotheke Medikamente gegen ›Seekrankheit‹ besorgen. Wen es unvorbereitet unterwegs erwischt, der bekommt vom Schiffsarzt Medikamente zur Behandlung der Symptome. Normalerweise gewöhnt sich der Körper nach ein paar Tagen an das Schaukeln des Schiffes und die Beschwerden verschwinden.

Informationsquellen

Im Internet auf Deutsch

www.auswaertiges-amt.de: Basisinformationen über die Situation in allen Reiseländern findet man in den Länderinformationen des deutschen Auswärtigen Amts.

www.kf-forum.eu: Erlebnisberichte von Reisenden auf allen Meeren sowie Erfahrungsaustausch.

www.kreuzfahrtbewertungen.net: Großes Bewertungsportal für weltweite Kreuzfahrten. Auch die Ostsee ist vertreten. Außerdem ausführliche Angebote diverser Kreuzfahrten und Buchungsmöglichkeiten.

www.schiffsbewertungen.de: Bewertungen von Reisenden, die möglicherweise bei der Wahl des Schiffes helfen können.

Im Internet auf Englisch

www.discoverthebaltic.com: englischsprachige nichtkommerzielle Seite zur Ostsee, auch wenn nicht alle Häfen dabei sind; viel Praktisches und Interessantes.

www.cruisecritic.co.uk: Praxis-Infos zu fast allen Häfen weltweit.

Kinder

Es stimmt schon lange nicht mehr, dass Kreuzfahrten nur etwas für Ruhe suchende Senioren sind. Es gibt mittlerweile viele Familienschiffe, die speziell auf Familien mit Kindern und Jugendlichen eingerichtet sind. Diese haben auch Kabinen mit drei und vier Betten, großzügig geschnitten, komfortabel ausgestattet und auch mit Verbindungstür buchbar. In der Kabine der Eltern reisen Kinder oft umsonst oder sehr preisgünstig mit. Babysitting und Programme für Kleinkinder sind zeitlich begrenzt, für größere Kinder gibt es praktisch den ganzen Tag lang Angebote und Animationsprogramme. Auch Landausflüge sind oft speziell auf die Bedürfnisse von Kindern zugeschnitten. So können Eltern in Ruhe das Dinner genießen oder ein paar Stunden am Tag entspannen.

Kabinen

Auf Kreuzfahrtschiffen hat man die Wahl zwischen verschiedenen Kabinengrößen und -typen. In der Regel gibt es Innenkabinen ohne Fenster oder mit Fenster zum Atrium, Außenka-

Reiseinfos von A bis Z

binen mit Fenster oder Balkon und Suiten. Die Preisunterschiede können erheblich sein, deshalb muss man sich genau überlegen, ob man sich eine Woche lang in einer Kabine ohne Fenster wohlfühlt und dafür deutlich günstiger reist. Oder ob man sich doch lieber eine Kabine mit Balkon leistet, um jederzeit Fernblick genießen zu können. Wer empfindlich auf Wellengang reagiert, sollte eine Kabine in der Mitte des Schiffes buchen. Von der Einrichtung her unterscheiden sich Innen- und Außenkabinen nur wenig. Zur Standardausstattung gehören ein Kühlschrank, z. T. mit einer kostenpflichtigen Minibar, und Fernseher. Der interaktive Bildschirm zeigt alle Informationen über das Schiff, das Tagesprogramm und die Landausflüge an. Das Angebot an Fernsehsendern ist oft spärlich, in Küstennähe gibt es regionale Sender, auf See nur BBC und CNN. Wie in einem Hotel wird die Schiffskabine regelmäßig gereinigt.

Kleidung

Es gibt formellere Schiffe, meist in der gehobenen Preisklasse, auf denen es einen Dresscode gibt. Je nach Anlass kleidet man sich während der Reise informell, leger-elegant oder formell. Auf formellen Schiffen werden spezielle Empfehlungen zur Kleidung für den Abend in den täglichen Bordprogrammen gegeben. Je nach Dauer der Kreuzfahrt finden auf den meisten dieser Schiffe zwei oder mehrere festliche Abende statt, unter anderem das Kapitänsdinner, wobei es festlich zugeht. Es gibt aber auch Schiffe ohne jeden Dresscode, das heißt zwar nicht, dass man in kurzen Hosen und Badelatschen zum Dinner geht, doch die Kleiderordnung ist sehr entspannt. Auf Ostseekreuzfahrten sollte man generell daran denken, dass es auch mal regnen und am Abend an Deck kühl werden kann. Wetterfeste, winddichte und warme Kleidung ist deshalb nicht verkehrt. Für Landausflüge sind in jedem Fall bequeme Schuhe nützlich. Auch die klimatisierten Räume des Schiffes sind manchmal recht kühl, die Temperaturen in den Kabinen kann man selbst regeln.

Klima und Reisezeit

Die Ostsee befindet sich in der gemäßigten Klimazone und ist durch ein kontinentales Klima mit maritimem Einschlag geprägt, wobei der kontinentale Einfluss nach Osten hin stärker wird. In Richtung Osten sind deshalb die Sommer wärmer und trockener, dafür auch die Winter kälter. Im gesamten Ostseebereich herrschen westliche Winde vor. Die beste Reisezeit mit dem stabilsten Wetter sind die Monate Juni, Juli und August, aber auch Mai und September können ihren Reiz haben. Um Mittsommer sind die Nächte kurz, im August hat die Ostsee die beste Ba-

Klimadiagramm Rīga

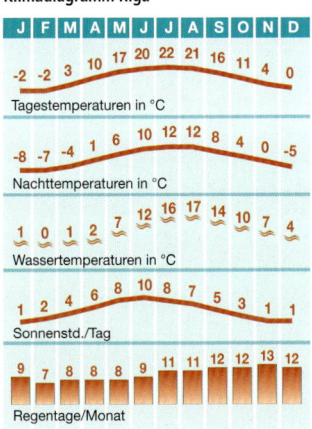

Reiseinfos von A bis Z

Tipps für die Buchung

Vor der Buchung einer Kreuzfahrt sollte man sich entweder im Internet oder im Reisebüro informieren. Die Mühe lohnt sich, denn nur so bekommt man nicht nur einen Überblick über das Preisniveau, sondern findet auch das Schiff, das am besten zu einem passt. Das Angebot ist so groß, dass jeder seine Traumkreuzfahrt finden wird. Möchte ich lieber auf einem großen oder kleinen Schiff reisen? Große Schiffe müssen häufig in einem Industriehafen weit draußen bleiben, während kleine Schiffe näher am Stadtzentrum anlegen können und auch die Landgänge sind naturgemäß schneller abgewickelt. Nachteil: Bei kleineren Schiffen kann das Angebot auch kleiner sein (z. B. Restaurants, Shops, Landausflüge) und sie sind häufig teurer. Weitere Überlegungen sind: Soll das Ambiente eher leger oder doch lieber gediegen sein? Möchte ich bei der Kabinenwahl Geld sparen oder lege ich Wert auf eine Außenkabine? Mit welchen Extrakosten muss ich rechnen? Welche Landausflüge und Bordprogramme sind im Reisepreis enthalten?

detemperatur und im Herbst bringen sonnige Tage oft wunderbar klare Luft. So hat jede Jahreszeit ihre Vorzüge. Der niederschlagsärmste Monat ist der Mai. Doch egal, wann man fährt, mit Regen und kühlem Wetter muss man rechnen, es sei denn, man erwischt ein stabiles Hoch, das wochenlang für blauen Himmel und hochsommerliche Temperaturen sorgt.

Landgang

Landausflüge kann man schon zu Hause oder erst auf dem Schiff buchen oder in Eigenregie organisieren. Im Tagesprogramm werden die Gäste über die Ankunft- und Abfahrtzeit informiert und ob das Schiff am Terminal festmacht oder auf Reede liegt. Zum Ein- und Aussteigen benötigt man die Bordkarte. Sie wird eingescannt, damit die Besatzung weiß, wer gerade an Bord oder an Land ist. Vor der Abfahrt ist es dadurch möglich zu überprüfen, ob alle Passagiere wieder an Bord gekommen sind. Man sollte sich trotzdem nicht darauf verlassen, dass das Schiff auf verspätete Landgänger wartet. Bei organisierten Ausflügen ist sichergestellt, dass man rechtzeitig zurückkehrt, wenn man auf eigene Faust unterwegs ist, muss man eventuelle Verspätungen, z.B. durch die Rushhour, mit einkalkulieren.

Die Landgänge sind eine logistische Meisterleistung: Innerhalb kürzester Zeit verlassen mehrere Tausend Passagiere das Schiff und müssen geordnet auf die einzelnen Ausflugsangebote verteilt werden. Dies sollte man bedenken, wenn es zu Wartezeiten kommt.

Liegt das Schiff auf Reede, werden die Passagiere mit Tenderbooten – in der Regel sind es die Rettungsboote – ausgeschifft. Das ist ein langwieriger Prozess und verkürzt die Zeit an Land. Gäste, die Landausflüge gebucht haben, werden zuerst ausgeschifft. In der Nähe des Terminals oder vor dem Hafen warten schon Taxis und Shuttlebusse. Shuttlebusse ins Zentrum sind oft kostenlos. Häufig schließen sich mehrere Gäste zusammen und handeln mit dem Taxifahrer einen Preis für eine Rundfahrt aus. Hinweise zur Lage des Hafens und Transportmöglichkeiten zum Stadtzentrum sind in diesem Buch am Ende

Reiseinfos von A bis Z

der Städtebeschreibungen unter Infos zu finden. Bei der Rückkehr aufs Schiff wird das Handgepäck einem Sicherheitscheck unterzogen. Souvenirs, die als Waffen dienen könnten, werden verwahrt und erst am Ende der Reise wieder ausgehändigt.

Rauchen

Im Innenbereich der meisten Schiffe – das trifft auch auf Kabinen und Balkone zu – darf nicht geraucht werden. Raucher werden konsequent an Deck verbannt. Einige internationale Veranstalter bieten auf ihren Schiffen noch eine Raucherlounge an.

Restaurants

Opulente kulinarische Genüsse fast rund um die Uhr gehören zu jeder Kreuzfahrt. Auf verschiedenen Decks, in verschiedenen Restaurants oder an Buffets gibt es zu unterschiedlichen Zeiten immer etwas zu essen: Frühstücks-Buffets, Früchte-Buffets, Konditoreispezialitäten, Käsetheken, Salat-Buffets, leichte Küche, Spezialitäten- und Länder-Buffets. Für jeden Geschmack ist etwas dabei, auch für Vegetarier, Trennköstler oder Veganer.

Das Frühstück beginnt spätestens um 7 Uhr und kann bis 10 Uhr ausgedehnt werden. Um 12 Uhr ist schon wieder Zeit zum Mittagessen, in den Restaurants mit Service oder in den Buffet-Restaurants. Gegen 16 Uhr ist Kaffeezeit und Tea-Time mit Torten, Kuchen oder Eis. Ab 18 Uhr wird das Abendessen in zwei Sitzungen serviert oder man bedient sich am Buffet.

Auf Schiffen ohne oder mit legerem Dresscode geht es auch in den Restaurants eher zwanglos zu. Es gibt keine festen Essenszeiten und keine Tischordnung und man kann schlemmen, wann und mit wem man möchte.

Reisedokumente und Visa

Für alle Ostseeländer außer Russland genügen Personalausweis oder Reisepass. Wer in St. Petersburg mit einem Kreuzfahrtschiff ankommt und dieses nur im Rahmen von organisierten Ausflügen verlässt, braucht bei einem Aufenthalt von bis zu drei Tagen kein Visum. Man bekommt ein Gruppenvisum, um das man sich nicht kümmern muss. Ansonsten muss man sich rechtzeitig vor der Reise (möglichst vier Wochen) ein Visum bei der Russischen Botschaft besorgen. Die Prozedur ist umständlich, da man die Visaanträge nicht per Post schicken darf, man muss sie persönlich abgeben oder eine Agentur damit beauftragen. Die Kosten sind nach Dringlichkeit gestaffelt, mit ca. 50 € muss man in jedem Fall rechnen. Informieren Sie sich unbedingt rechtzeitig vor Reisebeginn über die aktuellen Visabedingungen für Russland, kurzfristige Änderungen sind jederzeit möglich.

Botschaft der Russischen Föderation
Unter den Linden 63–65, 10117 Berlin
Tel. 030 229 11 10, 030 229 11 29,

In einigen Städten gibt es die Möglichkeit, **Fahrräder** zu leihen. In Kopenhagen fährt praktisch jeder mit dem Fahrrad, entsprechend groß ist das Angebot für Leihfahrräder. Infos im Internet: www.cph-bike-rental.dk, www.copenhagenbicycles.dk, www.cykelboersen.dk

Reiseinfos von A bis Z

Sicherheit und Notfälle – an Land

Die skandinavischen Länder und das Baltikum gelten als sicher, aber auch hier sind Taschendiebe unterwegs, die sich im Gedränge besonders wohlfühlen. In St. Petersburg arbeiten Taschendiebe gerne in Gruppen und veranstalten ein künstliches Gedränge, z. B. in der Metro. Einer aus der Gruppe geht derweil sehr robust bei Ihnen auf die Suche nach Wertsachen – und alle anderen Fahrgäste schauen zu. Hier und auch sonst gilt: Stecken Sie sich nur wenig Geld in die Tasche, halten Sie Ihre möglichst unauffällige Kamera gut fest und lassen Sie alle anderen Wertsachen auf dem Schiff. In den Kabinen gibt es für Wertsachen elektronische Safes.

Notfälle
Tritt an Land ein Notfall auf, sollte man sich an die örtlichen Notrufstellen (s. u.) wenden. Eine direkte Verbindungsnummer zum Schiff bekommt man nur sehr selten. Wenn man das Schiff wegen eines Notfalls kontaktieren muss, geschieht dies über den Hafenagenten. Die Kontaktnummern werden teilweise im Tagesprogramm bzw. bei der Hafeninformation bekannt gegeben. Zu Sicherheit und Notfällen auf See s. S. 25 (Seenotrettungsübung).
Unter **112** erreicht man den **Euronotruf**. Von dieser zentralen, mehrsprachigen Leitstelle können Polizei, Feuerwehr und Rettungsdienst alarmiert werden. Diese Nummer ist von allen EU-Ländern aus dem Festnetz oder vom Mobiltelefon aus kostenlos zu erreichen.
St. Petersburg: Feuerwehr 01, Polizei 02, Ambulanz 03, Deutsches Generalkonsulat 007 921 964 55 48 (konsularischer Bereitschaftsdienst im Notfall, z. B. Verlust des Reisepasses, Probleme mit Behörden).

Fax 030 229 93 97, www.russische-botschaft.de
Konsularabteilung der Botschaft
Behrenstr. 66, 10117 Berlin
Tel. 030 22 65 11 84
infokonsulat@russische-botschaft.de

Reisen mit Handicap

Reisende mit eingeschränkten Bewegungsmöglichkeiten und Rollstuhlfahrer stoßen an Bord in der Regel kaum auf Hindernisse. Rampen und Fahrstühle ermöglichen die Nutzung des gesamten Schiffes. Wer auf den Rollstuhl angewiesen ist, kann eine rollstuhlgerechte Kabine mit breiten Türen und ohne Schwelle zum Badezimmer buchen. Erkundigen Sie sich im Vorfeld beim Veranstalter.

Reisen als Single

Die Zahl der Alleinreisenden auf Kreuzfahrten nimmt zu, bei einigen Veranstaltern sind es nur 5 %, bei anderen bis zu 25%. Nicht jeder Alleinreisende sucht Anschluss, andere sind dankbar für den ›Single-Cocktail‹. Auch den ›Gentleman-Host‹ aus dem Fernsehen gibt es in Wirklichkeit – zumindest auf einigen Schiffen. Einige Reedereien statten ihre Schiffe mit Einzelkabinen aus, die meisten haben nur Doppelkabinen. Wer Glück hat und nach speziellen Angeboten sucht, zahlt für eine al-

Reiseinfos von A bis Z

lein genutzte Doppelkabine keinen Preisaufschlag, es können aber auch bis zu 100% sein.

Seenotrettungsübung

Die Seenotrettungsübung findet normalerweise am Tag der Einschiffung statt, vorgeschrieben ist sie innerhalb der ersten 24 Stunden an Bord. Jeder Passagier ist verpflichtet, an der Übung teilzunehmen. Im Fernsehgerät der Kabine wird ein Film über den Ablauf der Seenotrettungsübung gezeigt.

Jeder Gast hat in seiner Kabine eine Schwimmweste und einen Plan mit der Musterstation. Dort findet man sich mit der Weste ein und wird von der Mannschaft eingewiesen. Allgemeine Hinweise über Fluchtwege hängen in den Kabinen aus. Man sollte sich den Fluchtweg genauestens einprägen, sodass man ihn quasi ›im Schlaf‹ findet.

Strom

An Bord gibt es 220 Volt Wechselstrom, die Steckdosen entsprechen dem Standard des Herkunftslandes der Reederei.

Telefon und Internet

In Reichweite der Küste kann man die regionalen Telefonanbieter nutzen, dies ist oft die preisgünstigste Möglichkeit. Oder man telefoniert während des Landganges. Auch vom Telefon in der Kabine kann man telefonieren, die Verbindung erfolgt dann via Satellit, was relativ teuer ist. Wenn man auf hoher See das Mobiltelefon nutzen kann, geschieht dies auch via Satellit und ist mit relativ hohen Kosten verbunden. Erkundigen Sie sich über die jeweiligen Seetarife. Ein Internetzugang – über einen vorhandenen Computer oder das eigene Laptop – ist ebenfalls vorhanden. Man kann den Zugang tageweise oder gleich für die ganze Reise erwerben.

Trinkgelder

Es gibt Kreuzfahrtschiffe mit All-Inclusive-Preisen, dort sind die Trinkgelder bereits im Reisepreis enthalten. Trotz dieser fixen Tages-Trinkgelder freuen sich die Crewmitglieder, von denen man persönlich betreut wird, über ein zusätzliches Trinkgeld. Die andere Möglichkeit ist, dass die Trinkgelder für Serviceleistungen an Bord am Schluss pauschal auf die Gesamtrechnung gesetzt werden. Das Trinkgeld wird pro Reisetag und Passagier berechnet und liegt in der Regel zwischen sechs und 12 € pro Tag. Dieses System hat den Vorteil, dass die Trinkgelder unter der Crew des gesamten Schiffes verteilt werden können. So profitiert nicht nur das Servicepersonal, sondern auch andere Crewmitglieder, die keinen direkten Kontakt zu den Passagieren haben. Wer mit dieser Regelung nicht einverstanden ist, kann den Betrag reduzieren oder ganz streichen lassen. Dies muss man der Rezeption rechtzeitig mitteilen.

Zeitzone

s. Tabelle S. 18

Zoll

Auskünfte zu aktuellen Beschränkungen erhalten Sie unter www.zoll.de. Sowohl in Russland als auch in Polen gelten strenge Ausfuhrbestimmungen für Antiquitäten.

Unterwegs auf der Ostsee

Jede Ostseestadt hat eine Geschichte zu erzählen, die vor allem mit ihrem Hafen und der Lage am Wasser verbunden ist. So auch Kopenhagen. Im 17. Jh. als Hafen für Frachtsegler aus aller Welt angelegt, ist Nyhavn heute die Vergnügungsmeile der Stadt. Die moderne Hafenromantik besteht aus einer sehenswerten Mischung aus Kneipen und Restaurants dicht an dicht, Museumsschiffen und einer bunten Häuserfront aus der Zeit Hans Christian Andersens.

Deutschland, Polen

Flensburg ▶ A 6, Cityplan S. 31

Mit rund 84 000 Einwohnern ist Flensburg die drittgrößte Stadt des nördlichsten deutschen Bundeslands Schleswig-Holstein. Die Geschichte der Stadt nahe der Grenze zu Dänemark und am innersten Zipfel der Förde reicht über 750 Jahre zurück. Mehr als 400 Jahre lang hatten die Dänen das Sagen in der Stadt, heute ist sie gleichermaßen im dänischen wie deutschen Kulturraum verwurzelt. Kein Wunder also, dass man hier Deutsch und Dänisch hört. Zu Flensburgs Vorzügen gehören neben der gut erhaltenen Altstadt die Lage am Wasser und die engen Gassen am Steilufer der Förde.

Stadtrundgang
Vom Wirtschaftshafen kann man entlang der Hafenpromenade bis zur Ha-

Flensburg

fenspitze spazieren und einen Abstecher auf die Ostseite des Hafens machen. Von der **Aussichtsplattform** 1 bei der **St.-Jürgen-Treppe** überblickt man die gesamte Hafenkulisse. Auch die vielen schön restaurierten Kapitänshäuser um die St.-Jürgen-Straße lohnen einen Umweg. Weiter südlich gelangt man zur **St.-Johannis-Kirche** 2. Im 12. Jh. aus Feldsteinen erbaut, ist sie das älteste Gotteshaus der Stadt.

Von hier sind es nur noch wenige Schritte bis zur Fußgängerzone der Altstadt, die sich vom Südermarkt bis zum Wahrzeichen Flensburgs, dem **Nordertor** 3, erstreckt. Das um 1595 erbaute Stadttor zeigt das dänische Königswappen und das Stadtwappen.

Museumsberg 4
Museumsberg 1, Tel. 0461 85 23 17, www.museumsberg.flensburg.de, Di–So 10–17 Uhr, 6 € ein Museum, Verbundkarte für alle Museen 8 €

Die beiden Museen auf dem Museumsberg – das Heinrich-Sauermann-Haus und das Hans-Christiansen-Haus – gewähren einen Einblick in die Kunst- und Kulturgeschichte vom 13. Jh. bis in die Gegenwart. Zu sehen sind u. a. Bauernmöbel und Werke des Jugendstils sowie Kunst des Expressionismus. Lohnend ist auch ein Besuch des mehr als 4 ha großen **Christiansen-Parks**, der von der gleichnamigen Kaufmannsfamilie in der ersten Hälfte des 19. Jh. als Landschaftsgarten angelegt wurde.

Salondampfer Alexandra 5
Schiffbrücke 37, Tel. 0461 212 32, www.dampfer-alexandra.de, Juni–Anf. Okt. am Wochenende (Fr–So), Fördefahrten je nach Tour 11–25 €

Die 1908 gebaute »Alex« ist eines der letzten deutschen Passagierdampfschiffe. Der Dampfer legt in den Sommermonaten regelmäßig zu rund eineinhalbstündigen Fördefahrten ab.

Flensburger Schifffahrtsmuseum 6
Schiffbrücke 39, Tel. 0461 85 29 70, www.schiffahrtsmuseum.flensburg.de, Di–So 10–17 Uhr, 6 €

Im alten Zollpackhaus erfährt man nach der Neueröffnung 2012 alles über den Hafen, Kaufleute, Kapitäne und Reeder, über Schiffe und ihre Frachten. Hier befindet sich auch das einzige Rum-Museum Deutschlands. Dort erfährt man, wie der Rum von Westindien nach Flensburg kam.

Traditionelle Segelschiffe kommen zur Rumregatta nach Flensburg

Deutschland, Polen

Flensburger Rum-Tradition

Im 18. Jh. war Flensburg einer der bedeutendsten Häfen für die Westindien-Segler und den Umschlag von Rum. Gebrannt wurde und wird der Rum in der Karibik, verschnitten und veredelt dagegen in Flensburg. Früher gab es mehr als 200 Rumhäuser, heute nur noch zwei: das **Rumhaus Johannsen** 1 (Marienstr. 8, Tel. 0461 252 00, www.johannsen-rum.de, Mo–Fr 10–18, Sa 10–15 Uhr) und das **Rumhaus Braasch** 2 (Rote Str. 26–28, Tel. 0461 14 16 00, www.braasch.sh, Mo–Fr 10–18.30 Uhr, Sa 10–16 Uhr).

Museumswerft und Traditionssegler 7

http://museumswerft.de, museumshafen-flensburg.de
In der Nähe des Schifffahrtsmuseums liegen die Traditionssegler vor Anker. Beim historischen Holzkran von 1726 werden auf der Museumswerft alte Schiffe in traditioneller Weise gebaut und restauriert. Besucher können bei den Arbeiten zuschauen.

Phänomenta 8

Norderstr. 157–163, Tel. 0461 14 44 90, www.phaenomenta-flensburg.de, Mo–Fr 10–18, Sa/So 12–18 Uhr, 11 €
Hier werden Naturwissenschaften erlebbar gemacht. Die 150 Experimente zum Ausprobieren sind nicht nur etwas für Kinder.

Übernachten

Zentrale Lage – **Hotel Flensburger Hof** 1: Süderhofenden 38, Tel. 0461 707 16 70, www.flensburgerhof.de, DZ 90–130 €. Kleines Hotel mit freundlichem Service und geräumigen Zimmern in absolut zentraler Lage nahe der Fußgängerzone.

Essen und Trinken

Was gibt es Schöneres, als mit Blick aufs Wasser zu speisen? In Flensburg hat man dazu reichlich Gelegenheit.
Historisches Ambiente – **Roter Hof** 2: Rote Str. 14, Tel. 0461 505 23 70, www.roterhof.de, tgl. 11–22 Uhr, ab 10 €. Umfangreiche Speisekarte, von leckeren Kleinigkeiten bis zum Rumpsteak. Immer eine gute Wahl: die Fischspezialitäten mit geräuchertem Makrelen- und Matjesfilet, Räucherlachs, Nordseekrabben und Sild.
Regional und ökologisch – **Mäders Restauration** 2: Venusbogen 1, Tel. 0461 150 79 00, www.maeders.de, Mo–Do 17–23, Fr 12–15 und 17–23, Sa 10–15 und 17–23, So 10.30–14.30 und 17–21.30 Uhr, ab 13 €. Ökologischer Anbau, artgerechte Tierhaltung und regionale Bezugsquellen sind das Credo. Die Auswahl fällt schwer bei Norddeutschen Tapas, Meeresfrüchte-Pasta oder in Aquavit gebeiztem Ostseelachs.
Für Bierliebhaber – **Hansens Brauerei** 3: Schiffbrücke 16, Tel. 0461 222 10, www.hansens-brauerei.de, Mo–Do 11.30–0.30, Fr, Sa 11.30–1, So 11.30–0 Uhr, ab 9 €. Deutschlands nördlichste Brauerei zapft naturtrübes, ungefiltertes Bier in einem über 200 Jahre alten, ehemaligen Rumhaus. Die deftige Hausmannskost passt zum Bier.

Einkaufen

Praktisch die gesamte Altstadt – vom Nordertor bis zum Südermarkt – ist Fußgängerzone und Shoppingmeile mit rund 500 Geschäften. Restaurierte Kaufmannshöfe, Cafés, Kneipen und Restaurants sorgen für Abwechslung.

Flensburg

Sehenswert
1. Aussichtsplattform St.-Jürgen-Treppe
2. St.-Johannis-Kirche
3. Nordertor
4. Museumsberg
5. Salondampfer Alexandra
6. Flensburger Schifffahrtsmuseum
7. Museumswerft
8. Phänomenta

Übernachten
1. Hotel Flensburger Hof

Essen und Trinken
1. Roter Hof
2. Mäders Restauration
2. Hansens Brauerei

Einkaufen
1. Rumhaus Johannsen
2. Rumhaus Braasch

Infos und Termine
Touristinformation Flensburg: Rote Str. 15–17, Tel. 0461 909 09 20, www.flensburg-tourismus.de, Mo–Fr 9–18, Sa 10–14 Uhr.

Am Himmelfahrtswochenende findet die **Rumregatta** statt, mittlerweile nehmen mehr als 100 Traditionssegler aus Deutschland und Dänemark teil.

Kreuzfahrtterminal: Große Schiffe legen am Ostufer der Förde beim Ballastkai/Wirtschaftshafen an. Von hier aus besteht eine Busverbindung (Bus Nr. 5 in der Regel alle 20 Min.) zum Flensburger Busbahnhof (ZOB). Vom Ballastkai aus kostet eine Taxifahrt ins Zentrum rund 5 €. Die kleineren Kreuzfahrtschiffe legen direkt auf der Innenstadtseite an (Fördebrücke).

Deutschland, Polen

Kiel ▶ B 6/7, Cityplan S. 35

Kiel ist Landeshauptstadt und mit rund 240 000 Einwohnern die größte Stadt Schleswig-Holsteins. Die Lage rund um die Kieler Förde, die als natürlicher Tiefseehafen dient, und der Nord-Ostsee-Kanal, der im Stadtteil Holtenau endet, geben der Stadt ein maritimes Flair. 1283 trat Kiel der Hanse bei, stand aber immer im Schatten von Flensburg und Lübeck und konnte nie von den Handelsprivilegien profitieren. Da war der Ausschluss aus der Hanse 1518 nur folgerichtig. Nach Puttgarden und Rostock ist Kiel mit rund 1,6 Mio. Reisenden heute der drittgrößte Passagierhafen Deutschlands, der Güterumschlag im Ostuferhafen spielt dagegen keine große Rolle.

Seit ungefähr zehn Jahren wird versucht, das Zentrum optisch aufzuwerten und zumindest einen Teil des alten Stadtkerns zu rekonstruieren. Dazu gehören die Sanierung des Hauptbahnhofs unter Berücksichtigung historischer Aspekte sowie die Umgestaltung des Alten Marktes.

Die vielfältige Kieler Museumslandschaft lohnt eine nähere Betrachtung – die häufig hochkarätigen Sonderausstellungen der Kunsthalle zu Kiel sind immer wieder einen Besuch wert, ebenso ein Spaziergang entlang dem Förde-Ufer (direkt 1 ▶ S. 33).

Hörnbrücke 1
Die Hörnbrücke verbindet das Ostufer und den Norwegenkai mit dem Zentrum der Stadt. Als eine der seltenen Dreifeldzugklappbrücken zählt sie zu den architektonischen und technischen Sehenswürdigkeiten Kiels.

Übernachten
Modern und elegant – **Atlantic Hotel Kiel 1**: Raiffeisenstr. 2, Tel. 0431 37 49 90, www.atlantic-hotels.de, DZ ab 160 €. Neues Haus mit geräumigen Zimmern. Zentrumslage in unmittelbarer Nähe von Hauptbahnhof, Fähranleger und Einkaufszentrum, trotzdem relativ ruhig. Bar mit Außenbereich und Blick über die Förde.
Frisch renoviert – **Komfort Hotel tom Kyle 2**: Langer Segen 5a, 0431 57 97 50, www.hotel-tomkyle.de, DZ 105–135 €. Das Gebäude stammt zwar aus den 1950er-Jahren, innen ist aber alles topmodern eingerichtet. 37 Zimmer in Citynähe, trotzdem ruhig, freundlicher Service.

Essen und Trinken
Uriger Bierkeller – **Kieler Brauerei 1**: Alter Markt 9, Tel. 0431 906 29, www.kieler-brauerei.de, Mo–Do 10–24, Fr, Sa 10–1, So 10–23 Uhr, ab 10 €. An den rustikalen Holztischen trinkt man das hausgebraute Bier und isst Herzhaftes dazu.
Eine Kieler ›Institution‹ – **Louf 2**: Reventlouallee 2, www.louf.de, April–Okt. ab 10, sonst ab 11.30 Uhr, ab 10 €. Je nach Tageszeit ist das Louf Café, Restaurant oder Bar.

Infos und Termine
Tourist-Information: Andreas-Gayk-Str. 31 B (neues Rathaus Erdgeschoss), Tel. 0431 67 91 00, www.kiel-sailing-city.de, Mo–Fr 9.30–18, Sa 10–14 Uhr. Von Mai bis September organisiert das Touristenbüro vielfältige **Stadtbesichtigungen.** Angeboten werden ein Audioguide, Hafenrundfahrten mit einem Fördedampfer, Stadtrundgänge, gesegelte Stadtrundfahrten und geführte Segway-Touren.

Die **Kieler Woche** Ende Juni ist eine alljährlich stattfindende Segelregatta mit einem bunten Rahmenprogramm. Auf gut einem Dutzend ▷ S. 35

1 | Moderne Seefahrerromantik an der Förde – Kiel

Karte: Cityplan S. 35 | **Dauer:** mind. 3–4 Std.

Zu beiden Seiten umschließt die Stadt Kiel die Förde. Bis zu seinem Ende ist der Wasserweg breit und tief genug, deshalb können die großen Fähren und Kreuzfahrtschiffe direkt im Zentrum der Stadt anlegen. Einzigartig sind die zentrale Lage der Passagierterminals und die maritime Atmosphäre der Stadt.

Höchstwahrscheinlich kommen Sie am Ostseekai an und sind gleich mitten in der Stadt. Aber auch vom Norwegenkai und Schwedenkai ist es nicht weit zum Zentrum. In unmittelbarer Nähe des Ostseekais befindet sich das **Schloss** 2. Wundern Sie sich nicht, wenn Sie es nicht gleich erkennen, denn der einst prächtige Renaissancebau von 1569 ist den Bomben des Zweiten Weltkriegs zum Opfer gefallen. Nur der wenig imposante Westflügel, der Rantzaubau, hat den Krieg überstanden. Der Neubau aus den 1960er-Jahren erinnert wenig an ein Schloss. Der ehemalige Schlossgarten ist heute eine Parkanlage.

Sehenswerte Museen

Rund um den Park liegen drei Museen: Das 1881 eröffnete **Zoologische Museum** 3 gehört zu den ältesten naturwissenschaftlichen Museen Deutschlands. Zentrales Ausstellungsstück in der von Martin Gropius und Karl Möbius entworfenen Tageslichthalle ist das Skelett eines Blauwals. Sehenswert ist auch die Ausstellung der **Medizin- und Pharmaziehistorischen Sammlung** 4. Die **Kunsthalle zu Kiel** 5 schließlich besitzt nicht nur die größte Ausstellungsfläche aller Kieler Museen, sondern auch einige bemerkenswerte Stücke. Wenn Sie schon immer mal die Werke der Brücke-Künstler sowie die Gemälde von Emil Nolde sehen wollten, sind Sie hier richtig. Schon ein flüchtiger Blick auf die **Antikensammlung** lässt

Deutschland, Polen

ehrfürchtig staunen ob der Fülle und Schönheit der antiken Skulpturen, auch wenn es sich ›nur‹ um Gipsabgüsse handelt. Nach soviel Museen und Kunstgenuss wird es Zeit für einen Spaziergang am Wasser.

Immer am Wasser entlang

Auf der Uferpromenade, der Kiellinie, flaniert man in Richtung Norden am **Aquarium** 6 vorbei. Drinnen bekommt man einen guten Einblick in das Unterwasserleben in Ost- und Nordsee. Doch auch wer draußen bleibt, kann kostenlos in zwei Außenbecken die Schwimmkünste der Seehunde bewundern. Besonders zu den Fütterungszeiten lohnt ein Stopp vor dem Aquarium (Sa–Do 10 und 14.30 Uhr).

Geht man noch ein Stück weiter, erreicht man das **Louf** 2 (s. S. 32). Vor allem bei schönem Wetter kann man bequem von einem der Liegestühle dem Treiben auf der Promenade und der Kieler Förde zuschauen.

Kiels maritime Geschichte

Wenige Schritte südlich vom Ostseekai kommt man zum **Schifffahrtsmuseum** 7 in der alten Fischmarkthalle von 1910, die gut an ihrem Spitzbogendach zu erkennen ist. Es gibt wohl keinen besseren Ort, um Kiels maritime Geschichte anhand von Galionsfiguren, Schiffsmodellen und nautischen Instrumenten zu erleben. Vor dem Museum liegen drei Oldtimerschiffe und der Nachbau einer Hansekogge aus dem 14. Jh. vor Anker.

Die neue Altstadt

Vom Schifffahrtsmuseum biegt man in die Flämische Straße ein und ist bald am **Alten Markt** 8, dem Zentrum der Altstadt. Hier wird besonders deutlich, welche Schäden der Zweite Weltkrieg in Kiel angerichtet hat, denn die Altstadt besteht fast ausschließlich aus Nachkriegsbauten. Auch die dreischiffige **Nikolaikirche** 9 aus dem 13. Jh. wurde nur teilweise im ursprünglichen Stil wieder aufgebaut. Für eine Shoppingtour folgt man der Holstenstraße, Deutschlands erster Fußgängerzone, in südwestlicher Richtung bis zur großen Ladenpassage Sophienhof.

Ein kurzer Abstecher von der Holstenstraße führt zum Europaplatz und zur **Ostseehalle** 10 (1951), die heute den Namen eines Sponsors trägt. Am nahen Rathausplatz lassen die imposanten Jugendstilgebäude von **Rathaus** 11 und **Oper** 12 erahnen, wie das alte Kiel einst ausgesehen hat. Beide wurden nach dem Zweiten Weltkrieg wieder aufgebaut.

Infos

Zoologisches Museum 3: Hegewischstr. 3, Tel. 0431 880 51 70, www.zoologisches-museum.uni-kiel.de, Di–Sa 10–17, So 10–13 Uhr, 4 €.
Medizin- und Pharmaziehistorische Sammlung 4: Brunswiker Str. 2, Tel. 0431 880 57 21, www.med-hist.uni-kiel.de, Dauerausstellung teilweise geschl., es gibt Sonderausstellungen.
Kunsthalle zu Kiel 5: Düsternbrooker Weg 1, Tel. 0431 880 57 56, www.kunsthalle-kiel.de, Di–So 10–18, Mi bis 20 Uhr, 7€; Antikensammlung in der Kunsthalle, www.antikensammlung-kiel.de, Eintritt frei.
Aquarium 6: Kiellinie, Tel. 0431 600 16 37, http://aquarium-geomar.de, April–Sept. 9–19, sonst 9–17 Uhr, 3 €.
Schifffahrtsmuseum 7: Wall 65, Tel. 0431 901 34 28, www.kiel.de/kultur/museum/schifffahrtsmuseum, tgl. 10–18 Uhr, Mitte Okt.–Mitte April Di–So 10–17 Uhr, 3 €.

Kiel

Sehenswert
1. Hörnbrücke
2. Schloss
3. Zoologisches Museum
4. Medizin- und Pharmazie-historische Sammlung
5. Kunsthalle zu Kiel
6. Aquarium
7. Schifffahrtsmuseum
8. Alter Markt
9. Nikolaikirche
10. Ostseehalle
11. Rathaus
12. Oper

Übernachten
1. Atlantic Hotel Kiel
2. Komfort Hotel tom Kyle

Essen und Trinken
1. Kieler Brauerei
2. Louf

Bühnen gibt es rund 300 Konzerte. Höhepunkt ist die Windjammerparade mit mehr als 100 Groß- und Traditionsseglern, Dampfschiffen und Segeljachten.

Kreuzfahrtterminal: Alle Passagierterminals (Ostseekai, Norwegenkai und Schwedenkai) liegen nahe der Innenstadt (Infos: www.portofkiel.com).

In der Umgebung

Schleswig-Holsteinisches Freilichtmuseum
Hamburger Landstraße 97, Molfsee, 6 km südlich des Stadtzentrums (Bus Linie 501, Fahrplan: www.kvg-kiel.de), Tel. 0431 65 96 60, www.freilichtmuseum-sh.de, April–Okt. tgl. 9–18, sonst So 11–16 Uhr, 8 € (Sommer), 3 € (Winter)

Mit seinen mehr als 70 – meist reetgedeckten – historischen Gebäuden gehört es zu den schönsten Freilichtmuseen Deutschlands. Molfsee ist zudem ein lebendiges Museum mit arbeitenden Werkstätten und alten Nutztierrassen auf den Wiesen. Im **Drathenhof** von 1794 vor dem Museum gibt es hervorragende holsteinische Spezialitäten wie Seemannslabskaus, hausgemachtes Sauerfleisch oder Helgoländer Pannfisch (www.drathenhof.de, Di–So).

Lübeck/Travemünde

▶ B 7, Cityplan S. 37 (Lübeck), S. 42 (Travemünde)

Lübeck (210 000 Einw.) liegt an der unteren Trave, die im rund 17 km entfern-

Deutschland, Polen

ten Ortsteil Travemünde (s. S. 36) in die Ostsee fließt. Die Lübecker Altstadt (**direkt 2** S. 38), die 1143 gegründet und ab 1159 unter Heinrich dem Löwen in den bis heute erhaltenen Grundzügen angelegt wurde, breitet sich auf einem Hügel zwischen den Flüssen Trave und Wakenitz aus. Durch die Lage an der Trave konnte sich Lübeck im Mittelalter zum Ostseehafen und zum nordeuropäischen Machtzentrum entwickeln. Nachdem 1361 das gotländische Visby, der erste Hauptort der Hanse, von Dänemark erobert worden war, stieg Lübeck zum neuen Zentrum der Hanse auf. In der ›Königin der Hanse‹, wie sich Lübeck damals selbstbewusst nannte, fand 1356 der erste Allgemeine Hansetag statt. Diese führende Rolle als Handelsmacht im Ostseeraum konnte die Stadt bis ins 16. Jh. behaupten. Schon 1987 setzte die Unesco Lübeck auf die Weltkulturerbeliste. Ausschlaggebend dafür waren die markante und unverwechselbare Stadtsilhouette mit den sieben Türmen der monumentalen Kirchen, der planmäßig angelegte Stadtgrundriss mit den historischen Straßen und Plätzen sowie die originale historische Bausubstanz in den unzerstörten Altstadtbereichen.

Museumshafen [1]

Rund ein Dutzend Traditionssegler liegen nördlich des Holstentors bei der Drehbrücke vor Anker. Im Sommer sind viele der Schiffe unterwegs, außerhalb der Saison sind sie fast vollzählig.

Übernachten

Gediegene Eleganz – **Klassik Hotel Altstadt** [1]: Fischergrube 52, Tel. 0451 70 29 80, www.klassik-altstadt-hotel.de, DZ 130 €. Die 28 Zimmer sind im klassisch-romantischen Stil eingerichtet, wobei in jedem Zimmer eine Lübecker Persönlichkeit thematisiert wird.

Mittendrin und ruhig – **Hotel zur alten Stadtmauer** [2]: An der Mauer 57, Tel. 0451 737 02, www.hotelstadtmauer.de, DZ 70–90 €. Nettes Familienhotel mit 24 Zimmern in einer ruhigen Nebenstraße der Altstadt. Die Zimmer und der Frühstücksraum sind hell und freundlich.

Essen und Trinken

Beim Sternekoch – **Wullenwever** [1]: Beckergrube 71, Tel. 0451 70 43 33, www.wullenwever.de, Di–Sa ab 19 Uhr, ab 28 €. Küchenchef Roy Petermann hat mit seiner ›neu-deutschen‹ Küche einen Michelin-Stern erobert.

Wie zur Hansezeit – **Ratskeller** [2]: Markt 13, Tel. 0451 720 44, www.ratskeller-zu-luebeck.de, tgl. 11.30–22.30 Uhr, ab 15 €. So haben früher die Ratsherren gespeist. Hanseatisch-lübisches Ambiente und ebensolches Essen. Deftig ist der Lübecker Pannfisch: Seelachs und Steinbeißer mit Senfsoße, dazu Muscheln, Krabben und Bratkartoffeln.

Infos und Termine

Touristenbüro: Holstentorplatz, Tel. 0451 889 97 00, www.luebeck-tourismus.de, April–Sept. Mo–Fr 9–18, Sa 10–16, So 10–15, sonst Mo–Fr 9–18, Sa 10–15 Uhr.

Kreuzfahrtterminal: Kreuzfahrtschiffe legen am Skandinavienkai oder Ostpreußenkai in Travemünde an (s. S. 42).

In der Umgebung

Travemünde ▶ B 7

Das Seebad Travemünde, heute Ortsteil von Lübeck, ist über 200 Jahre alt. Am Ufer der Trave erstreckt sich der ursprüngliche Fischerort. In der Vorderreihe, wo einst Fischerkaten standen, ist heute eine belebte Einkaufsstraße mit Restaurants und Cafés. ▷ S. 42

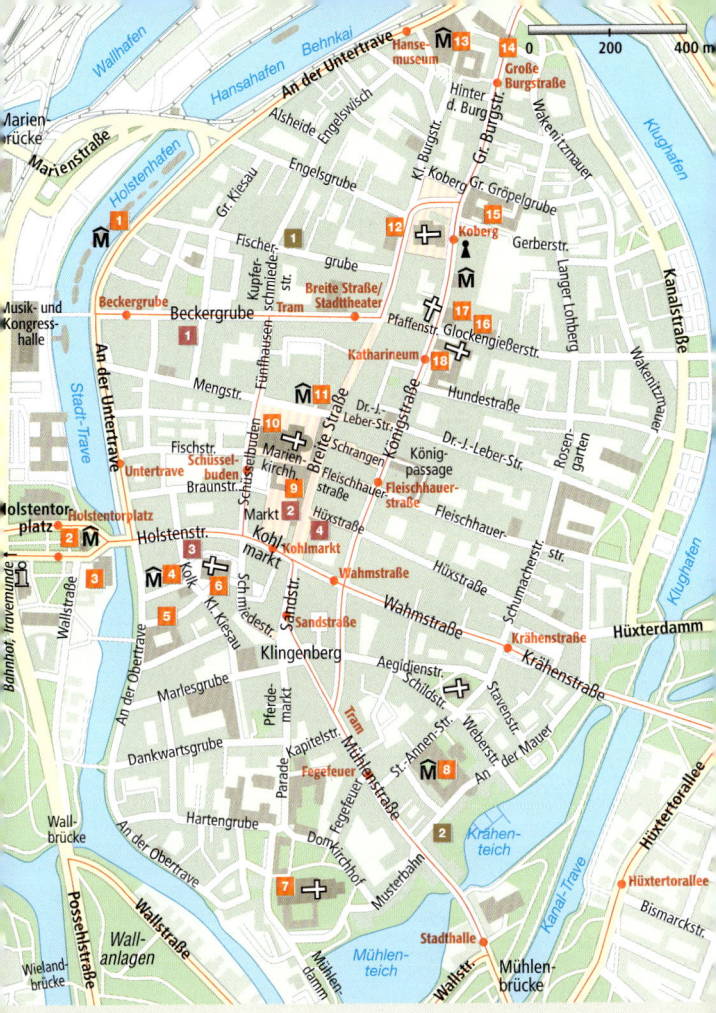

Lübeck

Sehenswert

1. Museumshafen
2. Holstentor mit Museum
3. Salzspeicher
4. Theaterfigurenmuseum
5. Große Petersgrube
6. St.-Petri-Kirche
7. Dom
8. St.-Annen-Museum
9. Rathaus
10. St.-Marien-Kirche
11. Buddenbrookhaus
12. Schiffergesellschaft
13. Europäisches Hansemuseum
14. Burgtor
15. Heiligen-Geist-Hospital
16. Günter-Grass-Haus
17. Willy-Brandt-Haus
18. St. Katharinen

Übernachten

1. Klassik Hotel Altstadt
2. Hotel zur alten Stadtmauer

Essen und Trinken

1. Wullenwever
2. Ratskeller
3. Lübecker Hanse
4. Café Niederegger

2 | Auf den Spuren der Hanse – die Lübecker Altstadt

Karte: Cityplan S. 37 | **Dauer:** mind. 4–6 Std.

Die vom Wasser umschlossene Lübecker Altstadtinsel besitzt einige der bedeutendsten Zeugnisse der Backsteingotik. Sieben Kirchtürme und das Holstentor prägen die Silhouette der Stadt. Bei einem Spaziergang durch Lübeck steht man immer wieder vor Prachtfassaden und einzigartigen Baudenkmälern.

Kerzengerade zierte das Lübecker **Holstentor** 2 einst die Rückseite des 50-DM-Scheins. Doch auch zu D-Mark-Zeiten war das Original längst nicht mehr perfekt, denn der morastige Untergrund führte schon während der Bauarbeiten Mitte des 15. Jh. dazu, dass einer der beiden Türme sich zu neigen begann. Heute liegt das letzte der einst vier Stadttore im Westen Lübecks ein Stück unter dem Straßenniveau. Doch dies nimmt dem architektonischen Meisterwerk, einem mächtigen Ziegelbau mit zwei von Kegeldächern bekrönten Rundtürmen nichts von seiner Schönheit. Seine bis zu 3,5 m dicken Mauern haben zwar alle Feinde abgeschreckt, doch Mitte des 19. Jh. wäre das Holstentor beinahe abgerissen worden. Nur durch eine äußerst knappe Senatsentscheidung entging es diesem Schicksal. Im Innern des Tors befindet sich ein **Museum**, das alles Wissenswerte über die Handels- und Seefahrerstadt Lübeck bereit hält.

Schön wie eine Filmkulisse
Gehen Sie nun durch das Tor, passieren Sie rechter Hand sechs alte **Salzspei-**

2 | Lübecker Altstadt

cher **3** und überqueren auf der Holstentorbrücke die Trave. Im Kolk warten gleich zwei Sehenswürdigkeiten: Das empfehlenswerte rustikale Restaurant **Lübecker Hanse** **3** (Kolk 3–7, Tel. 0451 780 54, www.luebecker-hanse.com, ab 11 €) und das **Theaterfigurenmuseum** **4**. Im Museum kann man einen einmaligen Fundus von rund 30 000 Marionetten und Handpuppen aus drei Kontinenten bewundern. Die **Große Petersgrube** **5** bietet eine historische Lübecker Häuserflucht wie aus dem Bilderbuch – hier wurden deshalb Teile des Buddenbrooks-Films gedreht – und führt zur **St.-Petri-Kirche** **6**. Die nach den Kriegszerstörungen erst in den 1980er-Jahren wieder aufgebaute Hallenkirche besitzt einen schlichten Innenraum, in jedem Fall lohnend ist wegen des schönen Blicks über die Stadt, die Fahrt mit dem Aufzug auf den Turm.

Vom Dom zum Rathaus

Noch imposanter wirkt der Lübecker **Dom** **7** in der südlichen Altstadt. Die älteste Kirche Lübecks und der erste monumentale Backsteinbau im Ostseeraum bietet mit seinen beiden 115 m hohen Türmen einen beeindruckenden Anblick. Im Innern ist vor allem das mittelalterliche 17 m hohe und reich verzierte Triumphkreuz aus der Werkstatt Bernt Notkes bemerkenswert.

Gehen Sie nun durch das Fegefeuer – der Name einer Straße – in Richtung Norden, dann kommen Sie bald zum **St.-Annen-Museum** **8** mit einer einmaligen Sammlung sakraler Figuren. Im Anbau ist die **Kunsthalle St. Annen** untergebracht, die eine umfangreiche Sammlung moderner Kunst präsentiert. Die **Hüxstraße** bringt Sie zum Marktplatz. Höchstwahrscheinlich benötigen Sie für das kurze Stück jedoch länger als geplant, denn Sie befinden sich in einer sehens- und erlebenswerten Einkaufsstraße, in der mehr als 100 Handwerksbetriebe und Galerien ihre Produkte auf traditionelle und charmante Weise anbieten.

Am Ende der Hüxsraße steht man direkt vor dem **Rathaus** **9**. Der rechteckige Bau geht auf das Jahr 1230 zurück und zählt zu den prächtigsten Rathäusern Deutschlands. Von der Breiten Straße blickt man auf das Renaissanceportal, den bunt bemalten Balkon und die Prunktreppe, vom Markt auf eine Wand mit zwei Windlöchern, eine Prachtfassade mit Zinnen und Wappen sowie auf einen später hinzugefügten Renaissanceanbau.

Süße Kostprobe in der Marzipanstadt

Wer nach Lübeck kommt, muss ins **Café Niederegger** **4** gehen, um einen Marzipankaffee zu trinken, ein Stück Marzipan-Nuss-Torte zu essen, die lebensgroßen Marzipanfiguren anzuschauen und sich im Laden ein Marzipansouvenir auszusuchen (Breite Str. 89. Tel. 0451 530 11 26, www.niederegger.de, Mo–Fr 9–19, Sa 9–18, So 10–18 Uhr).

Zu Gast bei Familie Mann

Vom Marktplatz sieht man – zwar teilweise durch nüchterne Nachkriegsbau-

> **Übrigens:** Im Mittelalter wuchs Lübeck so schnell, dass in der Altstadt der Platz knapp wurde. Deshalb hat man in die Vorderhäuser Gänge gebrochen und die Hinterhöfe mit winzigen Häusern, sogenannten Buden bebaut. Machen Sie sich auf die Suche nach diesen Puppenhäusern in folgenden Straßen: Hellgrüner und Dunkelgrüner Gang, der Kolk, Engelsgrube, Schwans Hof, v. Hövlen Gang, Von-Dorns-Hof, Glandorpsgang oder Haasenhof.

Deutschland, Polen

ten verdeckt – schon die **St.-Marien-Kirche** 10. Das zwischen 1260 und 1350 errichtete Gotteshaus ist vor allem wegen seiner Größe eines der beeindruckendsten Beispiele der Backsteingotik in Nordeuropa.

Die Breite Straße, eine Einkaufsstraße und Fußgängerzone, führt zum **Buddenbrookhaus** 11, in dem man wirklich alles über die Familie Mann erfährt. Folgt man weiter der Breiten Straße, kommt man zum **Haus der Schiffergesellschaft** 12 mit schöner Fassade und Stufengiebel, in dem sich heute ein Restaurant befindet, und in der Verlängerung zum 2015 neu eröffneten **Europäischen Hansemuseum** 13 (das ehemalige Kulturforum Burgkloster/Museum für Archäologie). Wenige Schritte weiter markiert das gut erhaltene, fünfgeschossige **Burgtor** 14 das Ende der Altstadt. Es diente früher der Verteidigung der Stadt nach Norden.

Nobelpreisträgern auf der Spur

Geht man nun die Große Burgstraße und die Königstraße in südlicher Richtung, kommt man wieder zur Hüxstraße und zum Marktplatz. Unterwegs liegt das **Heiligen-Geist-Hospital** 15 im gotischen Stil, eines der ersten Krankenhäuser Europas.

In der Nähe bekommt man im **Günter-Grass-Haus** 16 einen guten Überblick über das Gesamtwerk des Literaturnobelpreisträgers, das nicht nur aus Büchern, sondern auch grafischen Arbeiten und Skulpturen besteht. Im nahe gelegenen **Willy-Brandt-Haus** 17

2 | Lübecker Altstadt

wird der Lebensweg des gebürtigen Lübeckers und Friedensnobelpreisträgers in einer zum Teil multimedial gestalteten Ausstellung nachgezeichnet. Ein paar Schritte weiter kann man in den Nischen an der Westfassade der ehemaligen Klosterkirche **St.-Katharinen** 18 drei berühmte Skulpturen (1930–32) von Ernst Barlach und weitere von Gerhard Marcks betrachten, bevor man wieder zum Marktplatz zurückkehrt.

Infos

Holstentormuseum 2: Holstentorplatz, www.die-luebecker-museen.de, April–Dez. tgl. 10–18, sonst Di–So 11–17 Uhr, 6 €.
Theaterfigurenmuseum 4: Kolk 14, Tel. 0451 786 26, www.die-luebecker-museen.de, April–Okt. tgl. 10–18, sonst Di–So 11–17 Uhr, 6 €.
St.-Petri-Kirche 6: Schmiedestraße, Tel. 0451 39 77 30, Kirche: tgl. 11–16, Turm: April–Sept. 9–21, sonst 10–19 Uhr.
St.-Annen-Museum und Kunsthalle St. Annen 8: St.-Annen-Str. 15, Tel. 0451 122 41 37, www.die-luebecker-museen.de, April–Dez. Di–So 10–17, sonst 11–17 Uhr, jeweils 6 €.
Rathaus 9: Breite St. 64, Tel. 0451 122 10 05, Führungen Mo–Fr 11, 12, 15, Sa, So 13.30 Uhr.
St.-Marien-Kirche 10: Schüsselbuden 13, Tel. 0451 39 77 00, April–Sept. tgl. 10–18, Okt. 10–17, sonst 10–16 Uhr, 2 €.
Buddenbrookhaus 11: Mengstr. 4, Tel. 0451 122 42 40, www.die-luebecker-museen.de, April–Dez. tgl. 10–18, sonst Di–So 11–17 Uhr, 6 €.
Europäisches Hansemuseum 13: An der Untertrave 1, 0451 809 09 90, www.hansemuseum.eu, tägl. 10–17, ab 2016 März–Okt. bis 18 Uhr, 11,50 €.
Heiligen-Geist-Hospital 15: Am Koberg, Tel. 0451 790 78 43, Di–So 10–17, sonst 10–16 Uhr.
Günter-Grass-Haus 16: Glockengießerstr. 21, Tel. 0451 122 42 30, http://grass-haus.de, April–Dez. tgl. 10–17, Jan.–März Di–So 11–17 Uhr, 6 €.
Willy-Brandt-Haus 17: Königstr. 21, Tel. 0451 122 42 50, www.willy-brandt-luebeck.de, April–Dez. Di–So 11–18, sonst bis 17 Uhr, Eintritt frei.
Kirche St. Katharinen 18: Königstr. Tel. 0451 122 41 80, April–Sept. Fr–So 10–17 Uhr, 2 €.

Mustergültige Backsteingotik: Stufengiebel und die Doppeltürme der Marienkirche

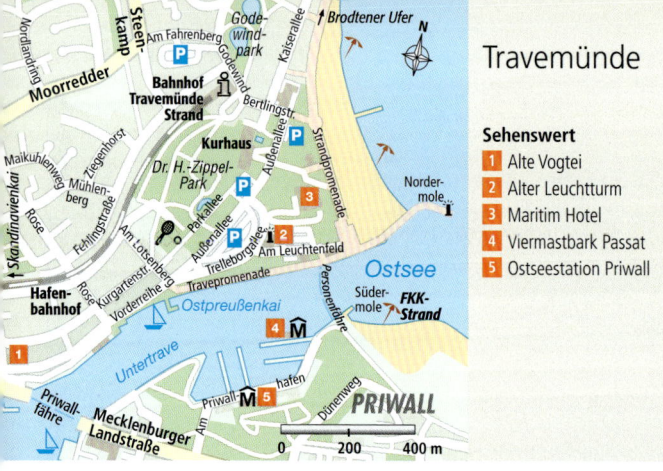

Travemünde

Sehenswert
1. Alte Vogtei
2. Alter Leuchtturm
3. Maritim Hotel
4. Viermastbark Passat
5. Ostseestation Priwall

Im Backsteinhaus der **Alten Vogtei** 1 aus dem 16. Jh. lebte früher der Strandvogt, der für die Sicherheit der Stadt und das Eintreiben der Zölle verantwortlich war. In einem der Nebengebäude, dem Audienzhaus, wurde bei Sanierungsarbeiten eine einmalige Kassettendecke aus der ersten Hälfte des 17. Jh. freigelegt. Heute beherbergt die Alte Vogtei ein Restaurant und Künstlercafé, das Lübecker Teekontor, das Weinkabinett und ein Informationszentrum (Vorderreihe 7, www.infocenter-travemuende.de, tgl. 9–20 Uhr).

Neben dem Maritim Hotel wirkt er winzig: der **Alte Leuchtturm** 2 (Am Leuchtenfeld 1, www.leuchtturm-travemuende.de, April–Okt. Di–So 13–16, Juli/Aug. tgl. 11–16 Uhr, 2 €). Der älteste Leuchtturm Deutschlands geleitete bis zu seiner Stilllegung mehr als 400 Jahre die Schiffe sicher in den Hafen. Heute dient er als Aussichtspunkt und Museum für Leuchtfeuertechnik. Wer die Mühe scheut, die enge Holztreppe hinaufzusteigen, kann bequem mit dem Fahrstuhl in den 35. Stock des **Maritim Hotels** 3 fahren und dort bei Kaffee und Kuchen den Fernblick genießen. Am anderen Ufer liegt die historische **Viermastbark Passat** 4 (www.luebeck.de/tourismus/sightseeing/passat) vor Anker. Immer wieder ein schöner Anblick ist das Einlaufen der ›großen Pötte‹ in Europas größten Fährhafen.

Jenseits der Nordermole schließt sich die **Strandpromenade** mit Blick auf die Lübecker Bucht und den Priwall an. Den Sandstrand immer im Blick, kann man bis zum rund 2 km entfernten **Brodtener Ufer** laufen, einer 20 m hohen Steilküste, die sich bis Niendorf zieht. Wer es ruhiger mag, lässt sich mit der Fähre über die Trave zur kleinen **Halbinsel Priwall** bringen, die ebenfalls einen schönen Sandstrand besitzt.

Eine gelungene Mischung aus Umweltzentrum und Aquarium ist die **Ostseestation Priwall** 5 (Tel. 04502 30 87 05, http://ostseestation-priwall.de, April–Okt. Di–So 10–17, sonst Do–So 10–16 Uhr, 6 €).

Infos und Termine

Welcome Center: Bertlingstr. 21 (im Strandbahnhof), Tel. 0451 889 97 00, www.travemuende-tourismus.de.
April–Okt. Mo–Fr 9.30–18, Sa 10–15, So 11–14 Uhr, Winter Sa/So geschl.
Kreuzfahrtterminal: Vom Skandinavienkai sind es mit dem Linienbus ca.

Deutschlands ältester Leuchtturm steht in Travemünde

Lübeck-Travemünde

Rostock

Sehenswert
1. Rathaus
2. Steintor
3. Ständehaus
4. Kuhtor
5. Marienkirche
6. Universität
7. Kloster Heiliges Kreuz
8. Petrikirche

Übernachten
1. Altes Hafenhaus
2. Die Kleine Sonne

Essen und Trinken
1. Zur Kogge
2. Ratskeller
3. Brauhaus Zum alten Fritz
4. Café in der Likörfabrik

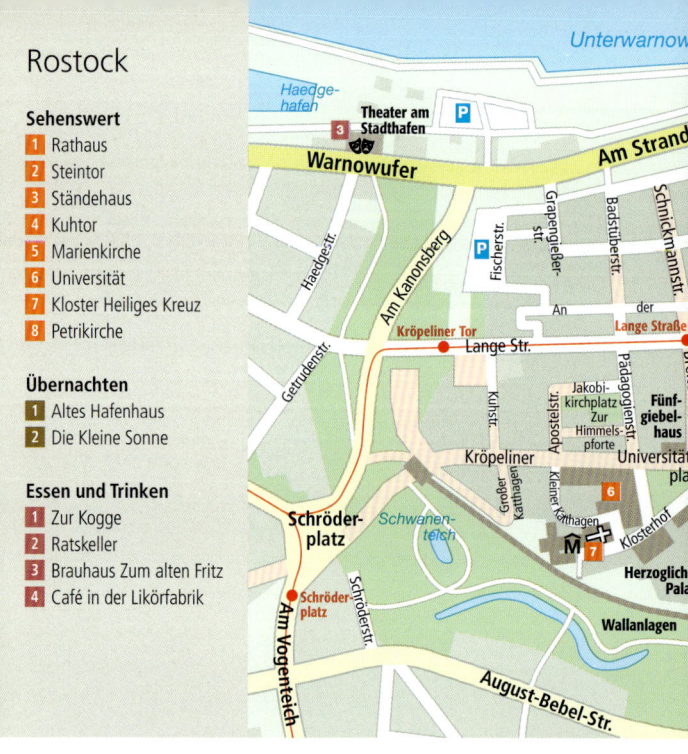

10 Min. bis zum Zentrum (Hafenbahnhof oder Bahnhof Travemünde Strand), vom Ostpreußenkai kann man bequem laufen. Nach Lübeck fährt man am besten mit der Bahn (Fahrzeit ca. 20 Min., stdl. 8–23 Uhr).

Rostock/Warnemünde
▶ B 7

Die Hansestadt Rostock ist mit rund 200 000 Einwohnern die größte und bedeutendste Stadt Mecklenburg-Vorpommerns. Ab dem späten 12. Jh. entwickelte sich eine Siedlung, die 1218 das lübische Stadtrecht erhielt. Die Siedlung wuchs rasch, sodass bald drei selbstständige Teilstädte existierten, die sich in den Jahren 1262–65 zu Rostock vereinigten. Während des Zweiten Weltkriegs war Rostock ein wichtiges Zentrum der Rüstungsindustrie und damit das Ziel von verheerenden Bombenangriffen, durch die rund die Hälfte der Stadt und auch viel historische Bausubstanz zerstört wurden.

Geprägt wird Rostock heute durch die Lage am Meer, den Hafen, die Spuren der Hanse und deren Backsteingotik sowie eine der ältesten Universitäten Nordeuropas. Die wichtigsten Wirtschaftszweige sind Schiffbau, Schifffahrt, Tourismus, Dienstleistungen und die Universität.

Das Zentrum der Altstadt bildet die Fußgängerzone vom Rathaus bis zum Kröpeliner Tor. Durch die mehr als 15 000 Studenten ist Rostock eine junge Stadt mit vielen Kneipen und einer lebendigen Kulturszene.

An der Mündung der Warnow in die Ostsee liegt der Rostocker Stadtteil **Warnemünde** (direkt 3! ▶ S. 48).

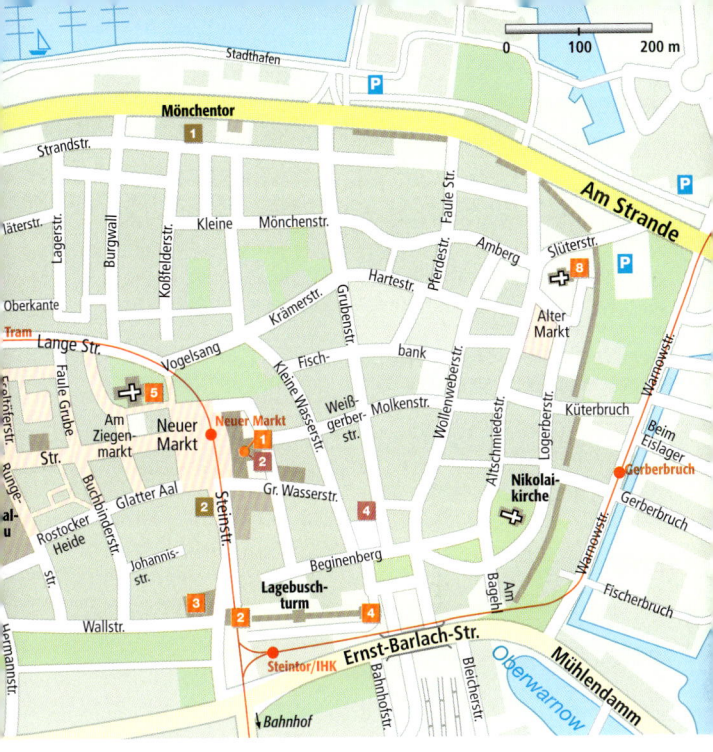

Das ehemalige Fischerdorf zählt wegen seines langen Sandstrandes zu den beliebtesten Seebädern Deutschlands und wird wegen seines Hafens von zahlreichen Kreuzfahrtschiffen und Ostseefähren angelaufen.

Rathaus 1

Das Rathaus am Neuen Markt ist seit mehr als 700 Jahren der Sitz der Stadtverwaltung, im Mittelalter wurde es allerdings auch als Kaufhaus genutzt. Architektonisch bemerkenswert ist der Stilmix, denn vor die gotische Schauwand mit sieben Türmen wurde Anfang des 18. Jh. ein barocker Vorbau gesetzt. Zwischen den Säulen befindet sich die Rathaus-Schlange Johannes, über ihren Kopf zu streicheln soll Glück bringen. Schon seit dem 18. Jh. gibt es dieses Rostocker Symbol, dessen Bedeutung jedoch nicht klar ist.

Stadtmauer

Bis zur Mitte des 14. Jh. entstand die Rostocker Stadtmauer mit Türmen, Wällen und Toren. Einige Teile der Stadtbefestigungen, die damals eine Fläche von rund einem Quadratkilometer umschlossen, sind bis heute erhalten geblieben.

Vom Rathaus sieht man das **Steintor** 2, einst das südliche Haupttor der Stadt. Es wurde im Stil der niederländischen Renaissance auf den Grundmauern eines ehemals gotischen Vorgängerbaus errichtet. In unmittelbarer Nähe befindet sich das **Ständehaus** 3, ein Backsteinhaus, erbaut um 1890 im Stil des Historismus, in dem heute das Oberlandesgericht untergebracht ist. Geht man vom Steintor entlang der Stadtmauer, gelangt man zum **Kuhtor** 4, dem ältesten Stadttor Mecklenburgs.

Deutschland, Polen

Marienkirche [5]

Am Ziegenmarkt 4, www.marienkirche-rostock.de, Mai–Sept. Mo–Sa 10–18, So 11.15–17, sonst Mo–Sa 10–16, So 11.15–12.15 Uhr

Zwischen Neuem Markt und Langer Straße erhebt sich die mächtige Marienkirche. Mit dem Bau wurde Mitte des 13. Jh. begonnen, doch die fast fertige Kirche stürzte 1398 ein. Danach entstand eine kreuzförmige Basilika nach dem Vorbild französischer Kathedralen und der Lübecker Marienkirche. Im Innern beherbergt sie Kunstwerke aus mehreren Jahrhunderten: ein bronzenes Taufbecken (1290), die astronomische Uhr (1472) und den Rochusaltar (um 1530).

Universitätsplatz

Der dreieckige, nach dem Hauptgebäude der **Universität** [6] (um 1870) benannte Platz, ist eine Erweiterung der Kröpeliner Straße. Hier befindet sich das Denkmal des ersten Rostocker Ehrenbürgers, Gerhard Leberecht von Blücher, des Helden der Befreiungskriege gegen Napoleon. Neueren Datums ist der »Brunnen der Lebensfreude« von den Rostocker Künstlern Jo Jastram und Reinhard Dietrich. Der Barocksaal im benachbarten großherzoglichen Palais erinnert an die Aufenthalte der mecklenburgischen Herzöge in Rostock. Das Fünfgiebelhaus von 1986 gegenüber ist ein Versuch, historische Gebäude in Plattenbauweise zu rekonstruieren.

Die Fassade des Rostocker Rathauses kombiniert Barock und Backsteingotik

Rostock

Kloster Heiliges Kreuz [7]
Klosterhof, Tel. 0381 20 35 90, www.kulturhistorisches-museum-rostock.de, Di–So 10–18 Uhr, Eintritt frei
Im Kloster zum Heiligen Kreuz lebten von 1290 bis zur Reformation Zisterzienser-Nonnen, heute wird der Komplex mit Klosterkirche und Innenhof vom Kulturhistorischen Museum genutzt. Es verfügt über eine der größten Sammlungen Norddeutschlands und dokumentiert u. a. über 700 Jahre Rostocker Münzgeschichte. Zu den Beständen zählt neben Möbeln, Silber, Zinn und Porzellan eine Sammlung mit zahlreichen Kunstwerken der Moderne, die von den Nationalsozialisten als ›Entartete Kunst‹ diffamiert wurden.

Petrikirche [8]
Alter Markt, Tel. 0381 211 01, www.petrikirche-rostock.de, Aussichtsturm Mai–Sept. tgl. 10–18, Okt.–April 10–16 Uhr, 3 €
Der 117 m hohe Turm der 1252 erstmals erwähnten Petrikirche war schon immer eine Landmarke und ragt seit 1994 wieder in voller Höhe über die Stadt. Lohnend ist die Fahrt mit dem Lift zur Aussichtsplattform.

Übernachten
Geschmackvoll – **Altes Hafenhaus [1]**: Strandstr. 93, Tel. 0381 49 30 11 10, www.altes-hafenhaus.de, DZ 79–99 €. Die über 200 Jahre alte, perfekt sanierte Stadtvilla mit Stuckornamenten befindet sich direkt am Ufer der Warnow. Die Zimmer sind zum Teil mit antiken Möbeln eingerichtet, wirken aber trotzdem hell und modern.

Moderner Komfort – **Die Kleine Sonne [2]**: Steinstr. 7, Tel. 0381 46 12 12 34, www.die-kleine-sonne.arcona.de, DZ ab 62 €. Die kleine, gemütliche und preiswerte Alternative zum nahegelegenen Partnerhotel Steigenberger. Schon die Fassade des schön sanierten Hauses in kräftigem Goldgelb lässt Vorfreude aufkommen. Auch innen sind klare, freundliche Farben Trumpf.

Essen und Trinken
Maritimes Ambiente – **Zur Kogge [1]**: Wokrenter Str. 27, Tel. 0381 493 44 93, www.zur-kogge.de, tgl. ab 11.30 Uhr, ab 12 €. Nicht nur der imposante 150 Jahre alte Tresen vermittelt das Gefühl, auf einem historischen Schoner zu sein. Für den großen Hunger bestellt man den Fischteller ›Schifferhaus‹, zwischendurch munden Rollmöpse oder Nordseekrabben.

Traditionell und lecker – **Ratskeller [2]**: Neuer Markt 1, Tel. 0381 510 84 60, www.rathausarkaden- ▷ S. 51

3 | Stets das Meer im Blick – Spaziergang in Warnemünde

Karte: ▶ B 7 | **Dauer:** mind. 2–3 Std.

Nichts gegen die alte Hansestadt Rostock. Doch wenn Sie nur einen halben Tag Zeit haben, verbringen Sie ihn lieber in Warnemünde. Aus dem einst kleinen Fischerdorf ist mittlerweile ein ausgewachsenes Seebad mit unzähligen Restaurants und Cafés geworden. Und dann ist da natürlich noch die größte Attraktion: der breite und lange, feinsandige Strand.

Nach einem kurzen Fußweg vom Passagierterminal ist man am Bahnhof von Warnemünde und der Brücke über den Alten Strom. Der **Alte Strom** 1, die ehemalige Warnemünder Hafeneinfahrt, dient heute den Seglern, Fischern und Ausflugsbooten als Hafen. Zu beiden Seiten des Alten Stroms warten vor allem Imbissbuden mit allerlei Fischangeboten und Ausflugsdampfer auf Kundschaft. Aber auch Restaurants, Cafés, Souvenirshops und Boutiquen in liebevoll restaurierten Fischerhäusern laden zum Verweilen ein. Wundern Sie sich nicht, wenn sich an sonnigen Sommerwochenenden vor den beliebtesten Fischbuden lange Schlangen bilden – dies ist eher Regel denn Ausnahme. Der Sandstrand ist nicht nur die große Badewanne der Rostocker, viele kommen für einen Tagesausflug auch von weiter her.

Große Schiffe, kleine Hafeneinfahrt

Man sieht ihn schon aus der Ferne, den 1897 erbauten und mit weiß glasierten

3 | Warnemünde

Ziegelsteinen verkleideten **Leuchtturm** 2 von Warnemünde. Es lohnt sich, die Stufen bis zur zweiten Galerie zu erklimmen, denn aus 30 m Höhe hat man den gesamten Ort im Blick. **Ost- und Westmole**, an ihrem Ende eine grüne bzw. rote Leuchtbake, schützen die Hafeneinfahrt und führen gut 500 m in die Ostsee hinaus. Wenn das Wetter nicht zu stürmisch ist, gehen Sie bis zum Ende der **Westmole** 3 und beobachten von dort ganz aus der Nähe, wie die großen Fähren langsam in die enge Hafeneinfahrt manövrieren.

Flanieren auf der Strandpromenade

Zu Füßen des Leuchtturms steht der ›Teepott‹ 4, ein weiteres Wahrzeichen Warnemündes. Seinen Spitznamen bekam der runde Bau aus den späten 1960er-Jahren wegen seines geschwungenen Dachs. In seinem Innern sind mehrere Restaurants und Cafés untergebracht. Vom Leuchtturm überblickt man aber nicht nur die Hafeneinfahrt und die engen Gassen Warnemündes, auch der Strand und die Seepromenade liegen einem zu Füßen.

> **Übrigens:** Teilweise ist der Strand mehr als 100 m breit, werbewirksam preisen die Warnemünder ihn als breitesten Strand der Ostsee an. Ebenfalls beanspruchen sie die Idee des Strandkorbes für sich. Den Anlass soll eine ältere Rostocker Dame gegeben haben, weil sie wegen ihres Rheumas gerne vor dem Wind geschützt am Strand sitzen wollte.

Schon seit knapp 200 Jahren gilt Warnemünde als Badeort, eine **Seepromenade** parallel zum Strand gibt es seit gut 100 Jahren. Sie führt auch heute noch – mittlerweile breit wie eine Autobahn – an zahlreichen Hotels und Pensionen vorbei, von denen sich einige noch im Stil der Bäderarchitektur zeigen. Ein **Kurhaus** 5 im Bauhaus-Stil (heute Spielcasino) und einen Kur-

Warnemünder Wahrzeichen im Doppelpack: ›Teepott‹ und Leuchtturm

Deutschland, Polen

Seeluft macht hungrig – hier gibt's schnelle Kost aus dem Meer

garten gibt es natürlich auch, zwar recht klein, aber durchaus sehenswert.

Die engen Gassen im Zentrum des Seebades überragt die neugotische **Kirche** 6 aus der zweiten Hälfte des 19. Jh. In ihrem Inneren sorgen Votivschiffe für ein maritimes Flair. In einem kleinen Fischerhaus aus dem 18. Jh. ist das **Heimatmuseum** 7 untergebracht. Hier erfahren Besucher alles über die Entwicklung Warnemündes zum Badeort und wie die Warnemünder früher als Fischer, Lotsen und Matrosen gelebt haben.

Infos

Leuchtturm 2: Am Leuchtturm, Tel. 0381 519 26 26, Ostern–Sept. tgl. 10–19 Uhr, 2 €.
Kirche 6: Kirchenstraße 1, Tel. 0381 375 59 67, Mo–Sa 11–15, So bis 17 Uhr.
Heimatmuseum 7: Alexandrinenstr. 30/31, Tel. 0381 526 67, April–Okt. Di–So 10–18, sonst Di–So 10–17 Uhr, 3 €.
Tourist Information Warnemünde: Am Strom 59/Ecke Kirchenstraße, Tel. 0381 381 22 22, www.rostock.de, Mai–Okt. Mo–Fr 9–18, Sa, So 10–15, Sept.–April Mo–Fr 10–17, Sa 10–15 Uhr.

Segelpartys und mehr

Die **Warnemünder Woche** im Juli bietet neben Segelsportveranstaltungen auch Strandpartys und Kulturelles (www.warnemuender-woche.com). Weltweit eines der größten maritimen Feste ist die **Hansesail** im August mit vielen Windjammern, Traditionsseglern und Museumsschiffen (www.hansesail.com).

rostock.de, in der Regel 12–22 Uhr, wegen geschlossener Veranstaltungen manchmal kürzer, ab 10 €. Deftige Hausmannskost, serviert im Gewölbekeller unter dem Rathaus.

Für Bierliebhaber – **Brauhaus Zum alten Fritz** 3 : Warnowufer 65, Tel. 0381 20 87 80, www.alter-fritz.de, tgl. 11–1 Uhr, mittags ab 6 €. Kupferne Braukessel und Rohre am Tresen, rustikale Tische, gemütliche Nischen, große Biergläser mit Gerstensaft aus Stralsund, deftige Gerichte – meist mit einem Schuss Bier verfeinert.

Einfach gut – **Café in der Likörfabrik** 4 : Grubenstr. 1, Tel. 0381 377 76 54, tgl. 9–24 Uhr. Das beliebte und behagliche Café in der Nähe des Neuen Marktes lockt mit eienm guten Frühstücksangebot und günstigen Mittagsgerichte. Große Terrasse mit Blick auf die Nikolaikirche.

Infos und Termine

Tourist Information: Universitätsplatz 6 (Barocksaal), Tel. 0381 381 22 22, www.rostock.de, Mai–Okt. Mo–Fr 10–18, Sa/So 10–15, sonst Mo–Fr 10–17, Sa 10–15 Uhr.

Ab Ende November verwandelt sich die Rostocker Innenstadt in einen **Weihnachtsmarkt** (www.rostocker-weihnachtsmarkt.de), einer der größten von Norddeutschland. Es gibt reichlich Glühwein und Weihnachtsgebäck sowie Rostocker Rauchwurst, Karussells und imposante Weihnachtsbäume. Besonders stimmungsvoll ist der historische Weihnachtsmarkt im Kloster Heiliges Kreuz.

Kreuzfahrtterminal: Die S-Bahn (S 1) fährt vom südlich der Altstadt gelegenen Hauptbahnhof nach Warnemünde (s. S. 48), wo sich der Kreuzfahrtterminal befindet.

Kreide ist nicht nur zum Schreiben gut, sie ist auch heilsam. Im Rahmen einer Kreidetherapie soll sie bei rheumatischen Krankheiten, bei Erkrankungen des Bewegungsapparates, ebenso bei Gicht, Osteoporose und Muskelverspannungen helfen. Rügener Heilkreide wird ebenso wie Fango als Warmpackung angewendet. Ins Badewasser kommt sie zusammen mit aromatischen Zutaten. Für kosmetische Zwecke wird sie mit Meerwasser, Sahne, Stutenmilch oder Sanddorn angerührt.

Sassnitz/Mukran
▶ C 6

Der staatlich anerkannte Erholungsort Sassnitz (10 400 Einw.) liegt auf der Halbinsel Jasmund an der Nordostküste der größten deutschen Insel Rügen. Seit 2011 ist der **Nationalpark Jasmund** (s. S. 55) wegen seines Buchenwaldes Weltnaturerbe. Größte Sehenswürdigkeit der Insel sind die nördlich von Sassnitz gelegenen Kreidefelsen am Königsstuhl.

Erst in der zweiten Hälfte des 19. Jh. entwickelte sich **Sassnitz** vom Fischerdorf zum Ferienort. Anfang des 20. Jh. entstanden die Strandpromenade sowie die typischen weißen, reich gegliederten Fassaden der Bäderarchitektur (direkt 4 S. 52). Viele dieser Bauten werden bis heute als Pensionen und Hotels genutzt. Die sogenannte Königslinie, eine Verbindung per Eisenbahnfähre vom Sassnitzer Stadthafen ins schwedische Trelleborg, ging 1909 in Betrieb. 1998 wurde der Fährhafen ins 5 km entfernte **Mukran** verlegt, wo auch die Fähren nach Bornholm ablegen. Tourismus, Fährverkehr und Fischerei prägen nicht nur die Architektur der Stadt, sie sind heu- ▷ S. 54

4 | Bäderarchitektur auf Rügen – ein Bummel durch Sassnitz

Karte: ▶ C 6 | **Dauer:** mind. 2–3 Std.

Sassnitz kann nur auf eine relativ kurze Geschichte zurückblicken, die zudem nicht nur von Erfolg gekrönt war. Der Aufstieg vom kleinen Fischerdorf zur ›Weißen Stadt am Meer‹ und zum ›Tor des Nordens‹ erfolgte schnell. Doch schon bald kam die Einsicht, gegen die noble Konkurrenz der Seebäder Binz, Sellin und Göhren keine Chance zu haben.

Beginnen Sie ihren Rundgang durch Sassnitz am **alten Stadthafen.** Vor gar nicht allzu langer Zeit legten hier noch die großen Fähren nach Skandinavien an. Daran erinnern noch die unter Denkmalschutz stehenden Abfertigungsanlagen, die allerdings in einem recht traurigen Zustand sind. Der Hafen mit seiner knapp 1500 m langen Mole wird heute nur noch von Ausflugsschiffen, Fischkuttern und Jachten genutzt. Laufen Sie ein Stück auf der Mole hinaus und genießen Sie den Blick auf Sassnitz, das sich terrassenförmig an die bewaldete Steilküste schmiegt. Einige unspektakuläre Restaurants säumen den Hafen. Wer Zeit hat, kann sich die **HMS Otus** 1, ein gut 50 Jahre altes U-Boot der britischen Royal Navy, auch von innen anschauen. Oder man stattet dem **Fischerei- und Hafenmuseum** 2 einen Besuch ab, das eine Vielzahl von nautischen Exponaten zeigt.

Vom Hafen ins alte Sassnitz

Ein modernes Meisterwerk ist die schwebende **Fußgängerbrücke** 3, die mit einer Gesamtlänge von 278 m den Höhenunterschied zwischen Stadthafen und Hauptstraße überwindet. Oben angekommen, steht man vor dem **Rügenhotel,** einem schmucklosen Hochhaus aus den 1970er-Jahren, das innen allerdings modernisiert wurde und mit der **Rügentherme** 4 ein gutes Wellness-Angebot mit Schwimm-

4 | Bäderarchitektur in Sassnitz

bad und Saunalandschaft besitzt (tgl. 10–21 Uhr).

Da auch die Stadt sich hier nicht unbedingt von ihrer schönsten Seite zeigt, geht man wieder über die Fußgängerbrücke hinunter in den Hafen und folgt der Uferpromenade in östlicher Richtung zur **Seebrücke** 4 . Hier gibt es mehrere nette Restaurants und Cafés und am Hang einige schöne Beispiele der Bäderarchitektur, allen voran der reich verzierte Prachtbau des **Fürstenhof** 5 , in dem man sich heute in einer der Ferienwohnungen einmieten kann.

Wenn Sie noch weitere dieser schönen alten Villen sehen wollen, dann machen Sie von hier einen Abstecher in die Gassen der Altstadt. Auch wenn so manches Haus sich noch nicht von der DDR-Zeit erholt hat, gibt es doch viele, die heute wieder in strahlendem Weiß leuchten.

Infos
HMS Otus U-Boot-Museum: www.hms-otus.com, Mai–Okt. 10–19, sonst 10–16 Uhr, 7 €.
Fischerei- und Hafenmuseum: Im Stadthafen, Tel. 038392 578 46, www.hafenmuseum.de, April–Okt. Di–So 10.30–17.30, sonst bis 16 Uhr, 4 €.

Essen und Trinken
Im **Gastmahl des Meeres** 1 (Strandpromenade 2, Tel. 038392 51 70, www.gastmahl-des-meeres-ruegen.de, tgl., ab 12 €) speist man stilvoll in maritimer Atmosphäre mit schönem Blick auf die Ostsee. Es gibt eine große Auswahl an Fischgerichten, fragen Sie immer nach dem Tagesfang – er wird frisch von den Rügenfischern geliefert.

Auch im **Haus Fährblick** 2 (Strandpromenade 5, Tel. 038392 229 01, www.faehrblick.de, ab 13 €, im Sommer ab 11.30 geöffnet) gibt es ein Restaurant und ein Café sowie eine Pension direkt an der Seebrücke von Sassnitz.

Souvenirs
Das ›Gold des Nordens‹, Bernstein, wird in dem kleinen Laden **Bernsteinwerkstatt** 1 noch in echter Handarbeit zu Schmuckstücken verarbeitet (Bachpromenade 3, Tel. 038392 660 67, www.bernstein-werkstatt-sassnitz.de, Di–Sa 11–17 Uhr).

Deutschland, Polen

Sassnitz/Mukran

Vom Schiff aus kann man das sagenhafte **Kap Arkona** – Rügens nördlichste Spitze – erspähen, von Norden und Westen auf jeden Fall, aus Richtung Osten bei guter Sicht.

te noch die wichtigsten Wirtschaftszweige.

Schmetterlingspark
Straße der Jugend 6, Tel. 038392 664 42, www.alaris-schmetterlingspark.de, April–Sept. 9.30–17.30, Okt. 10–16.30 Uhr, 7 €
Die Hauptattraktion ist eine ca. 500 m² große Freiflughalle mit tropischen Temperaturen und hoher Luftfeuchtigkeit. Hier kann man mehr als 300 Schmetterlinge beobachten; die größten bringen es auf beeindruckende 30 cm Flügelspannweite.

Schiffsausflüge
Wer sich die Kreidefelsen vom Wasser aus anschauen möchte, kann vom Sassnitzer Hafen mit einem der Ausflugsboote zum Königsstuhl oder sogar bis zum Kap Arkona fahren. Nehmen Sie, wenn möglich, ein Boot am Morgen, dann taucht die Sonne die Kreidefelsen in ein besonders schönes Licht. Leider gibt es am Königsstuhl keine Anlegemöglichkeit, deshalb ist es auch nicht möglich, das Nationalparkzentrum zu besuchen. Die Ausflugsdampfer fahren auch in die andere Richtung zu den Seebädern **Binz, Sellin und Göhren,** bei genügend Zeit kann man an den Seebrücken aussteigen und das nächste Schiff zurück nehmen.

In der Hauptsaison legen tgl. bis zu sieben Schiffe zu den Kreidefelsen (in der Regel 10, 12, 14 Uhr), zum Kap Arkona, zu den Ostseebädern und zur Tagesfahrt »Rund um Rügen« ab. Infos unter www.reederei-lojewski.de.

Infos und Termine
Tourist Service Sassnitz: Strandpromenade 12, Tel. 038392 64 90, www.insassnitz.de, Mo–Fr 9–17, Sa/So 10–16 Uhr.
Kreuzfahrtterminal: Der neue Fährhafen, wo auch Kreuzfahrtschiffe anlegen, befindet sich in Neu Mukran, ca. 5 km südlich von Sassnitz. Es besteht eine regelmäßige Busverbindung (Linie 20).

In der Umgebung
Wenn Sie gut zu Fuß sind, können Sie am Ostende der Uferpromenade auf dem **Hochuferweg bis zum Königsstuhl** laufen und zurück nach Sassnitz oder zum Fährhafen Mukran ein Taxi oder die Buslinie 20 nehmen. Für die 8 km sollten Sie allerdings mindestens drei Stunden einplanen, unterwegs geht es immer wieder bergauf und bergab, teilweise über Treppen. Belohnt wird man mit schöner Aussicht, vor allem kurz vor dem Ziel von der **Viktoria-Sicht** auf die schneeweißen Kreidefelsen.

Königsstuhl/ Nationalparkzentrum Jasmund
Stubbenkammer 2, Tel. 038392 66 17 66, www.nationalpark-jasmund.de, www.koenigsstuhl.com, Ostern–Okt. 9–19, sonst 10–17 Uhr, 7,50 €
Das moderne Besucherzentrum des Nationalparks direkt am Königsstuhl informiert auf rund 2000 m² Fläche mit multimedialen Ausstellungen über die Entstehung der Kreidefelsen. Auch wer nur die Aussicht von der Plattform genießen möchte, muss den Eintritt für das Besucherzentrum zahlen – oder zur Viktoria-Sicht laufen, von dort ist der Blick auf

Im Nationalpark Jasmund bei Sassnitz

Deutschland, Polen

die Kreidefelsen noch besser. Am Besucherzentrum führen 400 Treppenstufen zum Strand hinunter.

Danzig (Gdańsk)/ Gdynia ▶ E 6/7

Die Hafenstadt Danzig (Gdańsk) liegt westlich der Weichselmündung in der historischen Landschaft Pommerellen und ist Hauptstadt der Woiwodschaft Pommern. Danzig hat rund 460 000 Einwohner und bildet zusammen mit den benachbarten Städten Gdingen (Gdynia) und Zoppot (Sopot) eine Metropolregion, die Dreistadt (Trójmiasto).

Seit Mitte des 14. Jh. war Danzig Mitglied der Hanse, und bis 1342 galt in Danzigs **Rechtstadt** (Główne miasto) (direkt 5| ▶ S. 59) das lübische Recht. Zahlreiche Kaufleute ließen sich hier nieder. Der Stadtteil begeistert heute mit prachtvoll restaurierten Bürgerhäusern, engen Gassen und dem repräsentativen Königsweg. Nördlich schließt sich die **Altstadt** (Stare miasto) an, wo vor allem Fischer und Handwerker in weniger prunkvollen Häusern wohnten. Auch dieser Stadtteil wurde im Zweiten Weltkrieg zerstört, aber nicht so akribisch rekonstruiert wie die Rechtstadt.

In den 1980er-Jahren wurde in der nördlich der Altstadt gelegenen Lenin-Werft Geschichte geschrieben, als Lech Wałęsa zum Anführer der ersten freien Gewerkschaft in Polen, Solidarność, wurde – die Ereignisse auf der Lenin-Werft leiteten das Ende der Sowjetunion ein.

Kościół św. Katarzyny (Katharinenkirche) 1
Wielkie Młyny
Die zwischen 1227 und 1239 erbaute Katharinenkirche gilt als älteste Kirche Danzigs. Zwischen 1555 und 1945 war sie ein protestantisches Gotteshaus. Ihr

Danzigs Rechtstadt am Ufer der Mottlau, mit Rathausturm und rechts dem Krantor

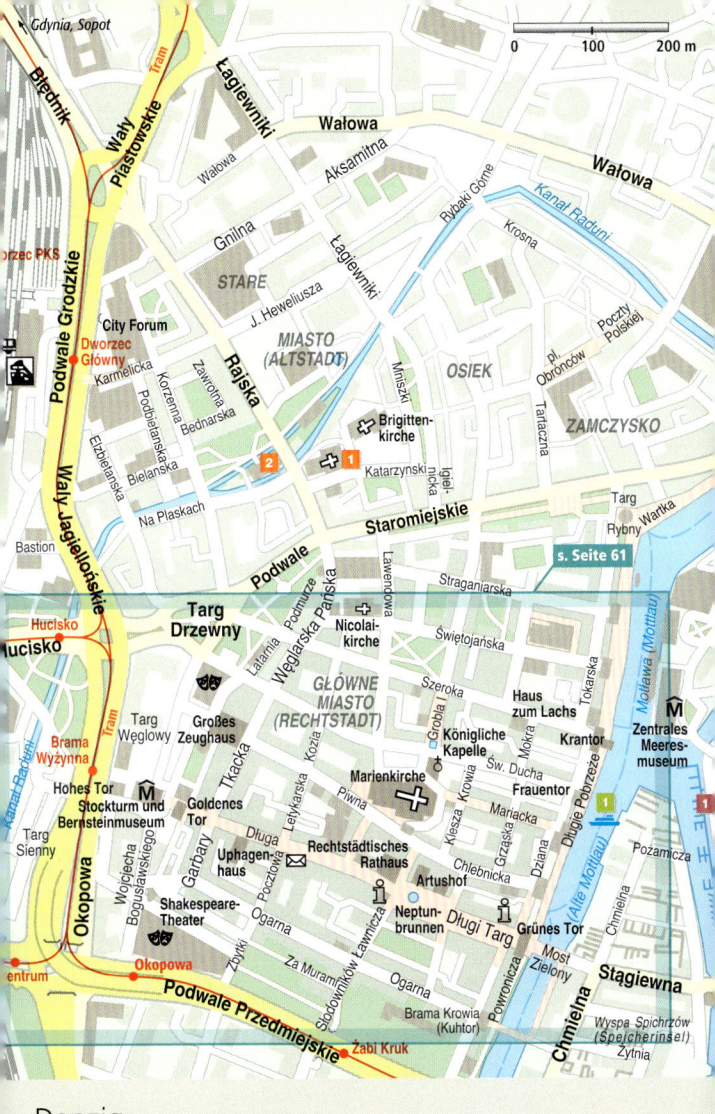

Danzig

Sehenswert
1 Katharinenkirche (Kościół św. Katarzyny)
2 Große Mühle (Wielki Młyn)
3 – 13 s. S. 61

Essen und Trinken
1 Brovarnia
2 s. S. 61

Aktiv
1 Ausflugsschiffe Westerplatte und Werft

Einkaufen
1 – 3 s. S. 61

Turm mit barockem Helm ist 76 m hoch. Das Glockenspiel mit 49 Glocken und 15 Tonnen Gewicht wurde in den 1990er-Jahren eingebaut. Im Inneren gibt es Gemälde von Anton Möller und Isaak van den Blocke, wertvolle barocke Epitaphe und einen Grabstein für Johannes Hevelius, den berühmten Danziger Astronomen.

Wielki Młyn (Große Mühle) 2
Wielkie Młyny 16
Die imposante Mühle auf der Radaune-Insel in der Altstadt wurde im Jahr 1350 durch den Deutschen Orden errichtet. Sie hatte 18 Wasserräder, jedes mit einem Durchmesser von fünf Metern. Bis zum Ende des Zweiten Weltkriegs war sie noch in Betrieb, heute dient sie als Einkaufszentrum.

Essen und Trinken
Zum Wohlfühlen – **Brovarnia** 1: Szafarnia 9, Tel. 058 320 19 70, www.brovarnia.pl, tgl. 13–23 Uhr, ab 50 Zł. In dem historischen Speicher oder im Biergarten mit Blick auf die Mottlau und die Danziger Altstadt gibt es hervorragendes, hausgebrautes Brovarnia Helles, Dunkles und Weißbier. Auch die herzhaften Kleinigkeiten sind zu empfehlen, kein Wunder, dass es hier oft voll ist.

Infos und Termine
PTTK Gdańsk Touristeninformation: Długa 45, Tel. 058 301 91 51, www.pttk-gdansk.pl, Mo–Fr 8–18, Sa, So 8.30–16.30 Uhr.

Vom Ufer der Mottlau zwischen grünem Tor und Krantor starten regelmäßig **Ausflugsschiffe** 1 zur Alten Werft und zur Westerplatte. Die Fahrten haben unterschiedliche Dauer, meist etwa 1–1,5 Stunden.

Danziger Touristikinfomationszentrum: Długi Targ 28/29, www.gdansk 4u.pl, tgl. 9–17 Uhr.

Kreuzfahrtterminal: Die meisten Kreuzfahrtschiffe legen im rund 30 km entfernten Gdynia an. Je nach Pier benötigt man 5–20 Min., um das Hafengelände zu verlassen. Dann sind es noch einmal 15 Min. bis zum Bahnhof. Die S-Bahn benötigt von Gdynia ins Danziger Zentrum rund 30 Min. Die bessere und vor allem schnellere Alternative ist ein Taxi; als Richtwert für die einfache Fahrt rechne man ca. 100 Zł (Fahrtzeit ca. 45 Min.).

In der Umgebung

Zoppot (Sopot)
Zoppot ist eine der schönsten Städte an der polnischen Ostseeküste mit einem herrlichen Sandstrand. Entsprechend voll kann es im Sommer in dem noblen Seebad werden. Dann geht es nur noch im Schneckentempo über die von Restaurants und Cafés gesäumte Flaniermeile Bohaterow Monte Cassino, die vom Bahnhof bis zum Strand führt. Umfangreiche Sanierungen haben aus dem Kurzentrum und der mit gut 500 m längsten Seebrücke Europas wieder Schmuckstücke gemacht. Zoppot liegt auf halbem Weg zwischen Gdynia und Danzig und ist Haltepunkt an der Bahnstrecke zwischen den beiden Städten.

Westerplatte
Die Westerplatte ist eine Halbinsel am Ufer der sogenannten Toten Weichsel. Hier begann der Zweite Weltkrieg, als am 1. September 1939 vom deutschen Schlachtschiff Schleswig-Holstein die ersten Schüsse abgefeuert wurden.

Das weithin sichtbare Denkmal für die Verteidiger der Küste wurde 1966 errichtet.

5 | Auferstanden aus Ruinen – Danzigs Rechtstadt

Karte: E 6/7 | **Dauer:** mind. 4–6 Std.

Die wichtigste urbane Achse Danzigs ist der Königsweg. Hier wurden seit dem Mittelalter Paraden abgehalten und Feste gefeiert, auf diesem Weg zogen aber auch die polnischen Könige in die Stadt ein. Heute ist der von zahlreichen Baudenkmälern gesäumte Königsweg zwischen Hohem Tor und Grünem Tor die repräsentativste Gasse der Stadt.

Beginnen Sie den Spaziergang durch Danzigs Rechtstadt am reich verzierten **Hohen Tor** 3 (Brama Wyżynna) aus dem 16. Jh., das den Anfang des Königsweges markiert. Unter dem Dach sind drei Wappen zu sehen – von Polen, Danzig und Königspreußen – und über dem Hauptdurchgang lautet die lateinische Inschrift übersetzt: »Gerechtigkeit und Frömmigkeit sind die zwei Grundlagen aller Königreiche.«

Unmittelbar hinter dem Hohen Tor, am Kohlenmarkt, steht das **Langgasser Vortor** im Stil der Gotik und Renaissance. Im Innern sind eine Ausstellung zum mittelalterlichen Torkomplex sowie das sehenswerte **Bernsteinmuseum** 4 (Muzeum Bursztynu) untergebracht, das Schmuck und interessante Gegenstände aus Bernstein zeigt.

Ein Meisterwerk der Restaurateure

Jetzt gilt es nur noch das **Goldene Tor** 5 (Złota Brama) zu durchschreiten, um in die Rechtstadt zu gelangen. Schauen Sie sich die Figuren hoch oben auf dem Tor an, sie stehen für Frieden, Freiheit, Reichtum, Ruhm, Eintracht, Gerechtigkeit, Frömmigkeit und Klugheit. Und auch hier werden Besucher wieder mit einem lateinischen Spruch belehrt, der übersetzt lautet: »Durch Eintracht werden kleine Staaten groß, an Zwietracht gehen große zugrunde.«

Deutschland, Polen

Im Durchgang des Goldenen Tores sehen Sie Schwarz-Weiß-Fotografien, die Danzig nach dem Zweiten Weltkrieg zeigen. Die ganze Stadt liegt in Schutt und Asche, kaum ein Haus steht noch. Erst mit diesem Bild der Zerstörung vor Augen kann man die meisterhafte Rekonstruktion und Wiedergeburt Danzigs richtig würdigen.

> **Übrigens:** Die Frauengasse war wegen der schönen Kaufmannshäuser schon mehrfach Filmkulisse, vor allem, weil nur hier noch die typischen ›Beischläge‹, erhöhte Vorbauten mit Terrassen, erhalten geblieben sind.

Durch die Langgasse zum Langen Markt

Entlang der **Langgasse** (Ulica Długa) ist praktisch jedes Haus eine Sehenswürdigkeit, eine Schaufassade ist schöner als die andere und erinnert an das Goldene Zeitalter der Handelsstadt Danzig. Heute ist die Langgasse eine belebte Fußgängerzone und Touristenattraktion mit einigen Dutzend Restaurants und Cafés.

Gleich neben dem Goldenen Tor steht ein gotisches Haus von 1494, die **Georgshalle** [6] (Dwór św. Jerzego), in der sich einst die Mitglieder der Schützengilde trafen, deren Schutzheiliger der hl. Georg war.

Das **Uphagenhaus** [7] (Nr. 12) wurde in den 1770er-Jahren im Rokoko-Stil für den Stadtrat Johannes Uphagen erbaut, heute ist darin das Museum für Bürgerliche Einrichtungen untergebracht. Es zeigt, wie die reichen Danziger Bürger gegen Ende des 18. Jh. wohnten.

Am monumentalen **Rechtstädtischen Rathaus** [8] (Ratusz Głównego Miasta), das bis ins frühe Mittelalter zurückgeht, öffnet sich die Langgasse zum Langen Markt (Długi Targ). Den imposanten 81 m hohen Rathausturm ziert als Wetterfahne seit 1561 eine vergoldete Figur. Nehmen Sie sich Zeit für einen Besuch des **Museums für Danziger Stadtgeschichte.** Vor allem die Große Ratsstube, auch Roter Saal genannt, beeindruckt wegen der üppigen Ausstattung aus dem 16. und 17. Jh., die dank Auslagerung während des Zweiten Weltkriegs vor Schäden bewahrt blieb.

Der **Neptunbrunnen** [9] auf dem Langen Markt ist ein Symbol der Stadt, denn nach einer Legende soll es Neptun gewesen sein, der das ›Danziger Goldwasser‹ erfunden hat. Hinter dem Brunnen leuchtet die strahlend weiße, reich verzierte Fassade des 1481 eingeweihten **Artushofs** [10] (Dwór Artusa), in dem sich die reichen Patrizier Danzigs zu geselligem Vereinsleben trafen, in Erinnerung an die Tafelrunde in der Artuslegende.

Malerische Frauengasse

Am **Grünen Tor** [11] (Brama Zielona), das den Langen Markt nach Osten abschließt und vier Durchgänge zum Mottlau-Ufer gewährt, endet der Königsweg. Seinen Namen erhielt das palastartige Renaissancegebäude aus der Mitte des 16. Jh. wegen seiner einst grün gestrichenen Sandsteinfassade. Früher war das Gebäude die Residenz der polnischen Könige, wenn diese sich in der Stadt aufhielten, heute nutzt das Nationalmuseum das repräsentative Gebäude als Dependance für Sonderausstellungen.

Gehen Sie durch das Tor und dann nach links weiter am Ufer der Mottlau bis zum **Krantor** [12] (Brama Żuraw). Es diente früher als Stadttor, aber auch zum Be- und Entladen der Schiffe – der größte Hafenkran des Mittelalters.

5 | Danzigs Rechtstadt

Gehen Sie nun zurück bis zur **Frauengasse** (Ulica Mariacka), die vom Frauentor bis zur Marienkirche führt. In der malerischen Kopfsteinpflastergasse reihen sich dicht an dicht die Kunsthandwerkerläden und Galerien. Eine davon ist die **Galeria Jackiewicz** 1 (Mariacka 50–52). Der Besitzer ist Professor an der Danziger Kunstakademie und stellt hauptsächlich Werke von einheimischen Künstlern aus.

Die Frauengasse führt direkt auf die **Marienkirche** 13 (Bazylika Mariacka) zu. Sie ist mit mehr als 105 m Länge und 66 m Breite die größte Backsteinkirche der Welt und bietet Platz für bis zu 25 000 Menschen. Der Innenraum der Kirche ist heute schlicht, denn der größte Teil der Kirchenschätze ist dem Krieg zum Opfer gefallen. Größte Sehenswürdigkeit ist die Astronomische Uhr von 1470.

Infos
Für das **Bernsteinmuseum** (Muzeum Bursztynu), Targ Węglowy 26, Tel. 058 301 47 33, das **Uphagenhaus** (Dom Uphagena), Długa 12, Tel. 058 301 23 71, und das **Museum für Danziger Stadtgeschichte** (Muzeum Historyczne Miasta Gdańska) im Rechtstädtischen Rathaus (Długa 46/47, Tel. 058 767 91 00) gelten folgende Öffnungszeiten: Di 10–13, Mi, Fr, Sa 10–16, Do 10–18, So 11–16 Uhr. Eintrittspreis jeweils 10 Zł. Infos für die oben genannten Museen: www.mhmg.gda.pl.

Essen und Trinken
Die Auswahl unter den zahlreichen Cafés in der Langgasse fällt schwer. Beliebt und eine Institution ist das **Café Ferber** 2, dessen Markenzeichen die Einrichtung in allen erdenklichen Rottönen ist (Długa 77, Tel. 058 301 55 66, Mo–Do 9.30–1, Fr–So bis 2 Uhr).

Tipps zum Bernsteinkauf
Zwei empfehlenswerte Geschäfte mit guter Auswahl in der Rechtstadt sind **Baltic Stone** 2 (Mariacka 29) und **Amber Art** 3 (Długa 12/13).

Litauen, Lettland, Estland, Russland

Klaipėda ▶ F/G 5

Klaipėda (163 000 Einw.), ehemals Memel, ist Litauens älteste Stadt und besitzt den mit Abstand wichtigsten Seehafen des Landes, der das ganze Jahr über eisfrei bleibt. Die Stadt liegt an der Mündung des Kurischen Haffs in die Ostsee gegenüber dem Nordende der Kurischen Nehrung. Durch Klaipėda fließt die Danė, am Südufer des Flüsschens liegt die Altstadt, am Nordufer die Neustadt. Die Reste der im Zweiten Weltkrieg zu zwei Dritteln zerstörten kleinen Altstadt werden liebevoll saniert, im Zentrum liegt der Theaterplatz. Vor dem Theater steht der Simon-Dach-Brunnen mit der bronzenen Figur des Ännchen von Tharau. Der in Klaipėda geborene Dichter Simon Dach (1605–1659) hat das Mädchen, die von ihm heiß geliebte Pfarrerstochter, mit seinem Liebesgedicht berühmt gemacht.

Pilies Muziejus (Memelburg) [1]
Pilies 4, Tel. 46 41 05 27, www.mli muziejus.lt, Di–Sa 10–18 Uhr, 1,74 €
Von der erstmals Mitte des 13. Jh. erwähnten Burg ist nicht mehr viel übrig, sehenswert ist jedoch das moderne Museum, das die Geschichte von Burg und Stadt beleuchtet. Besonders interessant sind die historischen Gemälde.

Mažosios Lietuvos Istorijos Muziejus (Museum von Kleinlitauen) [2]
Didžioji Vandens 2, Tel. 46 41 05 24, www.mlimuziejus.lt, Di–Sa 10–18 Uhr, 1,45 €

Das moderne Klaipėda kann sich sehen lassen

Klaipėda

Sehenswert
1 Memelburg
2 Museum von Kleinlitauen
3 Schmiedemuseum

Einkaufen
1 Markthalle

Ausgehen
1 Kurpiai

Ein kleines Museum, das sich liebevoll vollgestopft mit Erinnerungsstücken an die Geschichte der Region präsentiert. Sehr eindrücklich dokumentiert die Fotosammlung die jüngere Geschichte.

Kalvystės Muziejus (Schmiedemuseum) 3

Šaltkalvių 2, Tel. 46 41 05 26, www.mlimuziejus.lt, Di–Sa 10–18 Uhr, 1,45 €
Die Ausstellung zeigt vielerlei Beispiele der Schmiedekunst, wer will, kann auch bei der Arbeit zuschauen.

Einkaufen

Stets gut besucht – **Markthalle** 1: östl. Ende der Tiltų gatvė, Mo–Fr 8–17, Sa 8–14 Uhr. Hier werden vor allem Blumen und Lebensmittel angeboten.

Ausgehen

Für Jazzliebhaber – **Kurpiai** 1: Kurpių 1a, Tel. 678 591 87, Mo–Do 12–1, Fr, Sa 12–4, So 18–24 Uhr. Früh kommen und eine Kleinigkeit essen sichert den Sitzplatz, denn ab 20 Uhr wird es voll. Eine der besten Jazzkneipen landesweit.

Infos und Termine

TIC: Turgaus 7, Tel. 46 41 21 86, www.klaipedainfo.lt

Kreuzfahrtterminal: Kreuzfahrtschiffe legen südlich des Zentrums an, die Altstadt ist in wenigen Minuten zu Fuß zu erreichen.

In der Umgebung

Kurische Nehrung ▶ F 6

Wenn Sie einen ganzen Tag Zeit in Klaipėda haben, lohnt ein Ausflug mit Mietwagen oder Taxi) auf die Kurische Nehrung, besonders nach **Nida** (50 km) in der Nähe der größten Düne.

Palanga ▶ F 5

In den größten litauischen Badeort (30 km nördlich von Klaipėda) kommen neben Litauern vor allem Russen. Tagsüber zieht es alle zum über 20 km langen Sandstrand, abends wird in den Bars, Spielsalons, Clubs und Discos laut und ausgelassen gefeiert. Der rund 500 m lange hölzerne Pier ist beliebter Treffpunkt zum Sonnenuntergang.

Größte Sehenswürdigkeit von Palanga ist das **Bernsteinmuseum** (Gintaro muziejus, Vytauto 17, www.pgm.lt, Juni–Aug. Di–Sa 10–20, So 10–19, sonst Di–Sa 11–17, So 11–16 Uhr, 2,32 €) in einem rund 100 Jahre alten Schloss. Die Sammlung umfasst ca. 25 000 teils seltene Stücke, davon wird rund ein Fünftel ausgestellt. Besonders bemerkenswert: der historische Bernsteinschmuck und Funde mit Insekten- oder Pflanzeneinschlüssen.

Litauen, Lettland, Estland und Russland

Rīga ▶ H 4, Cityplan S. 71

Mit rund 700 000 Einwohnern ist die lettische Hauptstadt die größte Stadt im Baltikum und die drittgrößte Hafenstadt an der Ostsee. Die alte Hansestadt liegt am Unterlauf der Daugava (Düna), ihre nördlichen Vororte erstrecken sich bis an die Bucht von Rīga.

Schon 1282 trat Rīga der Hanse bei. Und auch heute noch zeugen die backsteingotischen Kirchen und das Schloss von der langen Geschichte der Stadt. Seit 1997 gehört Rīga wegen seiner Jugendstilgebäude, dem historischen Stadtkern und der Holzhausarchitektur aus dem 19. Jh. zum Weltkulturerbe. Die Altstadt am rechten Ufer der Daugava bildet den mittelalterlichen, historischen Kern. Obwohl die Befestigungsanlagen Mitte des 19. Jh. abgerissen wurden, ist der Festungscharakter bis heute erhalten geblieben. Ein Spaziergang quer durch die Altstadt auf der **Kalku iela** (Kalkstraße) (|direkt 6| S. 66) bringt Sie durch den Bastejkalns-Park in die Neustadt mit ihren regelmäßig angeordneten Straßen, wo sich die schönsten Jugendstilbauten befinden.

Rīgas Doms (Dom) 1
Doma laukums, Tel. 67 21 32 13, Mai–Sept. tgl. 9–18, Mi, Fr bis 17, sonst tgl. 10–17 Uhr, 2 LVL. Im Sommer Mi und Sa um 19 Uhr Konzerte, Eintritt 2,85 €

Der Dom St. Marien ist die größte Kirche des Baltikums, ihre ältesten Teile, wie das gotische Nordportal, stammen aus dem 13. Jh. Das Innere weist Stilelemente der Romanik, Gotik, Renaissance und des Barock auf. Mit ihren 6768 Pfeifen zählt die Orgel zu den größten und klangschönsten in Europa. Es finden regelmäßig Konzerte statt.

An der Südseite des Doms schließt sich das Kloster mit Sakristei, Kapitelsaal und einem sehenswerten Kreuzgang an. Im Kloster sind das **Stadtgeschichtliche Museum** sowie das **Schifffahrtsmuseum** untergebracht (Palasta iela 4, Mai–Sept. tgl. 10–17, sonst Mi–So 11–17 Uhr, 4,27 €).

Rīgas pils (Ordensschloss) 2
Rīgas pils

1330 erfolgte die Grundsteinlegung des Rīgaer Schlosses gegen den Willen der Bürger, weil diese keine Ordensritter in der Stadt haben wollten. Nach dem Ende des Ordensstaates wurde das Schloss mehrfach umgebaut und diente den jeweiligen Herrschern als Residenz. Auch während der ersten Unabhängigkeit war das Schloss der Sitz des Präsidenten. Im Schloss ist das **Nationale Geschichtsmuseum** untergebracht, seine Sammlungen umfassen mehr als eine Million Artefakte. Die Ausstellungen geben einen Überblick über die Geschichte Lettlands von der Steinzeit bis in die Gegenwart. Leider sind die Beschriftungen nur auf Lettisch, also unbedingt die englischsprachige Broschüre mitnehmen. Das Geschichtsmuseum ist z. Zt. wegen Brandschäden geschlossen.

Sv. Jēkaba katedrāle (St.-James-Kathedrale) 3
Jēkaba 9, Tel. 67 32 64 19, tgl. 7–19 Uhr

Als der Bau Anfang des 13. Jh. begonnen wurde, lag die Kirche noch außerhalb der Stadtmauern. Ihr 80 m hoher Turm ist der einzig erhalten gebliebene gotische Kirchturm der Stadt. 1522 wurde in der Kirche der erste lutherische Gottesdienst in Lettland abgehalten, heute ist sie wieder katholisch.

Trīs brāļi (Die Drei Brüder) 4
Māza Pils iela 17, 19, 21

Das Ensemble der drei schönen alten Häuser bekam seinen Namen in Anlehnung an die »Drei Schwestern« von Tal-

Rīga

linn. Im Gegensatz zu den Tallinner Häusern, die wirklich von einem Vater für seine drei Töchter gebaut wurden, entstanden die Rīgaer Häuser zu unterschiedlichen Zeiten. Das rechte Haus mit dem gotischen Stufengiebel Ende des 15. Jh., das mittlere um die Mitte des 17. Jh. und das linke im 18. Jh. Im mittleren Haus ist das **Architekturmuseum** (Mo 9–18, Di–Do 9–17, Fr 9–16 Uhr) untergebracht.

Pulvertornis (Pulverturm) 5
Smilšu 20

Der Anfang des 14. Jh. errichtete Pulverturm war einer der mächtigsten der einst 28 Festungstürme. Geht man vom Pulverturm die Toriņa iela entlang, sieht man linker Hand noch einen Rest der **Stadtmauer**, einige Meter weiter befindet sich das **Schwedentor**, das einzige bis heute erhalten gebliebene Stadttor.

Pētera baznīca (Petrikirche) 6
Skārņu 19, Tel. 67 22 94 26, Di–Sa 10–18, So 12–18 Uhr, Kirche und Turm 7 €

Der ungewöhnlich hohe und spitz zulaufende Turm prägt die Silhouette der Stadt. Erstmalige Erwähnung fand die Kirche Anfang des 13. Jh., danach wurde sie mehrfach durch Brände zerstört. Die durch deutsche Bombardierungen im Zweiten Weltkrieg entstandenen Schäden konnten erst in den 1970er–Jahren behoben werden. Der Innenraum blieb jedoch weitgehend leer. Von der 72 m hohen Aussichtsplattform hat man einen schönen Blick auf Rīga. Ein Lift fährt Besucher hinauf.

Mākslas muzejs RĪGAS BIRŽA (Kunstmuseum in der Börse) 7
Doma laukums 6, Tel. 67 22 34 34, http://rigasbirza.lv, Di–So 10–18, Fr bis 20 Uhr, Eintritt je nach Ausstellung 2,85–6,40 €

Das Nationale Kunstmuseum in der ehemaligen Börse aus den 1850er-Jahren wurde 2013 zum europäischen Museum des Jahres gekürt. Das prachtvolle Interieur der Gemäldegalerie gibt den würdigen Rahmen für die hochklassige flämische, deutsche, fran- ▷ S. 70

Rīga aus über 70 m Höhe, vom Turm der Petrikirche aus

6| Von der Altstadt ins Jugendstilviertel – Rīga

Karte: Cityplan S. 71 | **Dauer:** 1 Tag

Rīga, das ›Paris des Nordens‹, ist die einzige echte Metropole des Baltikums. Wegen ihrer unterschiedlichen Baustile, von der Gotik über die Renaissance bis zum Barock, gilt die lettische Hauptstadt als eine der schönsten Städte Nordeuropas. Und vor allem: Nirgendwo sonst findet man so viele restaurierte Jugendstilhäuser wie hier.

Wenn Sie nur gut einen halben Tag Zeit haben, beginnen Sie den Stadtspaziergang an der Daugava. Die quer durch die Altstadt führende **Kalkstraße (Kaļķu iela)** und kleine Abstecher von dieser geradlinig verlaufenden Achse geben Ihnen schon einen guten Eindruck von der Altstadt. Nördlich schließt sich der Brīvības bulvāris an, der in die Nähe des Jugendstilviertels führt.

Träge fließt die breite Daugava dahin, sie trennt Rīgas Altstadt von den weniger reizvollen Neubauvierteln. Einen schönen Blick auf die Altstadt, aus der mehrere Kirchtürme hervorstechen, kann man von einer der Brücken über den Fluss werfen. Vor allem am Abend ist das Stadtpanorama von der **Steinbrücke** (Akmens tilts) beeindruckend. Vom Fluss ist dann die Altstadt in wenigen Minuten erreicht.

Die dunkle Zeit

Gleich am Anfang des Stadtspaziergangs fällt am Rande des Rathausplatzes das **Okkupationsmuseum** 8, ein dunkler Kasten aus den 1960er-Jahren, ins Auge. Die Sowjets errichteten den Bau als ›Museum der Revolution‹, um ihre Besetzung Lettlands als Heldentat darzustellen. Nach der Unabhängigkeit wurde das Museum umgewidmet und dokumentiert auf beeindruckende Weise die Zeit nach dem Hitler-Stalin-Pakt von 1939, dessen geheimes Zusatzprotokoll die Aufteilung

6 | Ins Jugendstilviertel von Rīga

Osteuropas zwischen dem Deutschen Reich und der Sowjetunion vorsah. Besucher erhalten einen realistischen und bisweilen beklemmenden Eindruck von der Unterdrückung der Letten während der deutschen Besatzung und der Sowjetzeit nach 1945. Seit einiger Zeit sind die Ausstellungen im Gebäude der ehemaligen **Amerikanischen Botschaft** 17 untergebracht, da das Okkupationsmuseum durch einen Neubau erweitert werden soll. Wegen Geldmangels verzögert sich der Neubau allerdings seit Jahren.

Die Schwarzhäupter

Wer heute auf dem Rathausplatz steht, mag kaum glauben, dass das klassizistische Rathaus von 1764 und das **Schwarzhäupterhaus** 9 (Melngalvju nams) mit der prachtvollen Fassade im holländischen Renaissancestil im Zweiten Weltkrieg vollständig zerstört wurden. Erst 1995 begann die Rekonstruktion, die 2001 pünktlich zum 800-jährigen Stadtjubiläum beendet war. Mitten auf dem Platz steht eine Rolandstatue und dokumentiert die enge Verbindung mit Bremen.

Schwarzhäupter nannten sich früher die in Gilden organisierten, unverheirateten Kaufleute, die den hl. Mauritius zu ihrem Schutzpatron gemacht hatten. Das Relief des als Mohr in Ritterrüstung dargestellten Heiligen ziert das reichdekorierte Portal. Das prachtvolle Haus zeugte von Reichtum und war immer ein Zentrum des kulturellen Lebens. Hier wurden hohe Gäste empfangen, es besaß damals eine der größten Sammlungen wertvoller Silbergegenstände. Nach der Zerstörung am 29. Juni 1941 blieb es Ruine, erst nach der Unabhängigkeit konnte es wieder aufgebaut werden. Heute ist seine reich verzierte Backsteinfront wieder ein Schmuckstück und in vielerlei Hinsicht ein Symbol für den Willen Rīgas, die schönste Stadt des Baltikums zu werden.

Die Skandalkatzen

Die **Häuser der Großen und Kleinen Gilde** 10 am Livenplatz (Līvu laukums) gab es an dieser Stelle schon im Mittelalter, die heutigen neogotischen Gebäude stammen aus dem 19. Jh. In der Kleinen Gilde (Mazā ģilde) oder Johannisgilde waren früher die Handwerker organisiert, in der Großen Gilde (Lielā ģilde), der Mariengilde, die wohlhabenden Kaufleute. Da die Gildemitglieder auch politisch die Geschicke der Stadt bestimmten, war die Mitgliedschaft eine lukrative Ehre.

Suchen Sie das **Katzenhaus** 11 (Kaķu nams) in der Meistaru iela 10, das leicht an seinem Jugendstilschmuck zu erkennen ist und richten Sie den Blick gen Himmel: Auf den Dachtürmen sind zwei Katzen zu sehen. Früher sollen sie dem Haus der Großen Gilde das Hinterteil zugedreht haben, damals ein ungeheurer Frevel. Erst als der Besitzer des Hauses, ein reicher Kaufmann, in die Gilde aufgenommen wurde, drehte er die Katzen in die richtige Richtung.

Schlendern Sie nun noch ein wenig durch die kopfsteingepflasterten Gassen der Altstadt, in denen sich schon vor Jahrhunderten Handwerker, Händler und Seefahrer aus aller Herren Länder drängelten. Viele Straßen sind gesäumt von prachtvollen Bauten, münden in offene Plätze oder kleine Parks. Die gemütlichen Freiluftcafés laden immer wieder zu einer Pause ein.

Von der Kaļķu iela kommt man nach wenigen Schritten zum **Eckes Konvent** 12 (Ekes Konvents), einem im 15. Jh. errichteten Asyl und Witwenheim. Bemerkenswert ist die schöne Fassade, die Anfang des 17. Jh. entstand. Ein kleiner Durchgang neben dem Haus

Litauen, Lettland, Estland und Russland

führt in den Konventhof, einst eine Ansammlung von Lager- und Wohnhäusern. Mittlerweile saniert, befinden sich in dem engen Gassenlabyrinth Restaurants, Souvenirläden und ein Hotel.

Treffpunkt Laima-Uhr
Am Ende der Kalkstraße kommt man zur **Laima-Uhr** 13, einem beliebten Treffpunkt der Rīgaer. Laima ist der Name einer bekannten lettischen Schokoladenmarke. Von hier sieht man auch schon das Freiheitsdenkmal, das wichtigste Wahrzeichen der Stadt inmitten des ausgedehnten **Bastejkalns-Park** 14, der sich wie ein breiter Gürtel um die Altstadt legt und diese von den später entstandenen Vorstädten trennt.

Picknick im Park
Mitten durch die grüne Oase des Bastejkalns-Parks schlängelt sich der Schlosskanal, der noch an den Ursprung der Grünanlage erinnert. Als man Mitte des 19. Jh. beschloss, die Befestigungsanlagen der Stadt in Grünflächen umzuwandeln, wurde auch der alte Wassergraben einbezogen. Aus den Stadtwällen entstand der Basteiberg mit künstlichen Wasserfällen gegenüber dem **Pulverturm** 5 (s. S. 65). Gedenktafeln erinnern hier an die beiden Kameramänner, die 1991 beim Filmen von Auseinandersetzungen zwischen Letten und sowjetischen Spezialeinheiten getötet wurden. Für die Rīgaer ist der Park ein beliebtes Naherholungsgebiet, mit einem Coffee to go und einem Sandwich verbringen viele hier ihre Mittagspause. Man kann sich ein Tretboot ausleihen und den Kanal erkunden.

Symbol der Freiheit
Auf dem Brīvības bulvāris, einer der Lebensadern der Stadt, ragt die **Freiheitsstatue** 15 (Brīvības piemineklis) gen Himmel. Das 42 m hohe Freiheitsdenkmal wurde am 18. November 1935, dem 15. Jahrestag der Ausrufung der freien Republik Lettland, enthüllt. An der Spitze des schlanken Obelisken streckt die Gestalt der Freiheit drei goldene Sterne in den Himmel, die für die historischen Provinzen Kurzeme, Latgale und Vidzeme stehen. Besonders während der Sowjetzeit hatte das Denkmal für die nach Unabhängigkeit strebenden Letten eine ungeheure Symbolkraft. Die Sowjets versuchten alles, um das Denkmal abzureißen oder wenigstens umzuwidmen, scheiterten jedoch kläglich am Widerstand der Letten. Ab Ende der 1980er-Jahre war die Freiheitsstatue Schauplatz zahlreicher Demonstrationen der Unabhängigkeitsbewegung und noch heute legen die Letten im Gedenken daran Blumen auf den Sockel des Obelisken.

Die Hauptstadt des Jugendstils
Viele sagen, gute Architektur sei gefrorene Musik. Wenn dies stimmt, ist Rīga eine perfekte Sinfonie. Denn die Jugendstilbauten Rīgas sind einmalig in ganz Europa, nirgendwo sonst findet man so viele restaurierte Jugendstilhäuser wie hier. Von den letzten Jahrzehnten des 19. Jh. bis zum Ersten Weltkrieg erlebte Rīga einen regelrechten Bauboom. Während dieser Zeit entstanden zahlreiche Mietshäuser, die von der lettischen Volksbaukunst sowie vom belgischen und österreichischen Jugendstil beeinflusst waren.

Übrigens: Die prachtvollsten Jugendstilgebäude stammen von Michail Eisenstein, dem Vater des Regisseurs Sergej Eisenstein, der allein in der schönsten Rīgaer Straße, der Alberta iela, sechs Mietshäuser entwarf.

6 | Ins Jugendstilviertel von Rīga

Fassade des von Michail Eisenstein entworfenen Jugendstilhauses in der Alberta iela

Sehenswerte Fassaden, die oft vor opulenten Ornamenten, Löwenköpfen und Fantasiegestalten überquellen, befinden sich in erster Linie nördlich der Altstadt in der Alberta iela und der Elizabetes iela. In der ehemaligen Wohnung des großen lettischen Architekten Konstantīns Pēkšēns (1859–1928) in der Alberta iela befindet sich das **Jugendstilmuseum (Jūgendstila muzejs)** 16. Das Gebäude wurde 1903 nach seinen Plänen errichtet. Das Treppenhaus mit Wendeltreppe und aufwendigen Gemälden zählt zu den schönsten der Stadt. Zu besichtigen ist die originalgetreu renovierte Wohnung des Architekten.

Aber auch in den Straßen Marijas iela und der Brīvības iela kann man auf die Suche nach diesen Kleinodien des Jugendstils gehen – in fast jeder Straße wird man fündig und auch der Blick in so manchen Hausflur lohnt; dort warten kunstvolle Nymphen, Satyrn und andere Fabelwesen.

Infos

Okkupationsmuseum (Latvijas okupācijas muzejs): Strēlnieku laukums 1, Tel. 721 27 15, www.occupationmuseum.lv. Ausstellungen momentan in der ehemaligen Amerikanischen Botschaft, Raiņa bulvāris 7, Di–So 11–17 Uhr.
Jugendstilmuseum (Jūgendstila muzejs): Alberta 12, Tel. 67 18 14 65, www.jugendstils.riga.lv, Di–So 10–18 Uhr, 3,50 €. Wer sich intensiver mit dem Jugendstil in Rīga beschäftigen möchte, findet auf der Website des Museums interaktive Stadtpläne mit Fotos und Beschreibungen von Dutzenden von Häusern. Damit kann man sich seine ganz persönliche Jugendstiltour zusammenstellen und sich über die Architekten und ihre Bauwerke informieren.

Litauen, Lettland, Estland und Russland

zösische und italienische Kunst. Der Stolz der Sammlung ist die Malerei der Nordeuropäischen Schule des 17. Jh.

Essen und Trinken

Lohnt einen Abstecher – **Restorāns Čarlstons** [1]: Blaumaņa 38/40, Tel. 67 77 05 72, www.restaurant-riga.com, Mo–Do 10–23, Fr 10–24, Sa 12–23, So 11–20 Uhr, ab 10 €. Etwas außerhalb der Altstadt. An der Bar gibt es eine gute Auswahl an Torten, besonders die Käsetorte wird gelobt. Die Speisekarte ist international. Im Sommer sitzt man am besten im ruhigen Innenhof.

Gediegene Atmosphäre – **Melnie Mūki** [2]: Jāņa sēta, Tel. 67 21 50 06, www.melniemuki.lv, tgl. 11–23 Uhr, ab 8 €. Die groben Backsteinwände stammen noch aus den Zeiten, als hier die Mönche speisten. Deshalb passt auch der Name »Schwarzer Mönch«. Geboten wird internationale Küche für gehobene Ansprüche, die umfangreiche Speisekarte bietet fast alles vom Steak bis zum Tandoori.

Fein – **Kaļķu Vārti** [3]: Kaļķu 11a, Tel. 67 22 45 76, www.kalkuvarti.lv, tgl. 12–24 Uhr, ab 18 €. Das Interieur ist sehr ungewöhnlich: eine Mischung aus skandinavischen und modernen lettischen Möbeln und Motiven. Die exzellente Küche verarbeitet vor allem je nach Jahreszeit verschiedene einheimische Produkte. Beliebter Treffpunkt von Prominenten, deshalb unbedingt reservieren.

Für Experimentierfreudige – **Kiploku Krogs** [4]: Jēkaba 3/5, Tel. 67 21 14 51, tgl. 11–23 Uhr, ab 8 €. Intime Gemütlichkeit abseits der touristischen Hauptrouten, freundlicher Service und viel Atmosphäre durch unverputzte Backsteinwände – das Lokal lohnt den Besuch. »Kiploku« ist das lettische Wort für Knoblauch, es ist also kein Wunder, dass *alle* Gerichte – auch die Desserts – mit dem charakteristischen Geruch daherkommen. Damit man nicht ganz so streng riecht, wird nach dem Essen frische Petersilie gereicht – soll helfen.

Rustikal – **Alus Sēta** [5]: Tirgoņu 6, Tel. 67 22 24 31, www.lido.lv, tgl. 11–23 Uhr, ab 8 €. Lettisches Themenrestaurant mit Hausmannskost, unweit des Domplatzes mit Terrasse. Man bedient sich am Buffet mit typisch lettischen Spezialitäten wie grauen Erbsen, dazu trinkt man hausgebrautes Bier. Immer gut besucht – von Touristen und Einheimischen.

Einkaufen

Ein riesiges Angebot – **Centrāltirgus** [1]: Pragas 1, tgl. 8–18 Uhr. In und um die ehemaligen Zeppelin-Hallen aus dem Ersten Weltkrieg findet jeden Tag ein bunter Markt statt. Obst und Gemüse türmen sich zu Bergen und das Angebot an frischem und geräuchertem Fisch ist vielfältig. Auf dem Zentralmarkt decken sich die Rīgaer ein. Viele Händler kommen von weit her, um hier ihre Waren anzubieten. Auch wer nichts kaufen möchte, hat an Warenangebot und Gewühl seine Freude.

Ausgehen

Typisch lettisch – **Rīgas Balzams** [1]: Torņa 4, Tel. 67 21 44 94, Mo–Do 10–24, Fr bis 1, Sa 11–1, So 11–24 Uhr. Man muss den dunklen Kräuterschnaps Balsam probiert haben, erst dann weiß man, ob man ihn mag oder scheußlich findet. Hier wird er auf jede erdenkliche Art serviert. Wie wäre es mit warmem Balsam mit Früchten?

Auf ein Bier – **A. Suns** [2]: Elizabetes 83/85, Tel. 67 28 84 18, Mo–Do 11–1, Fr 11–3, Sa 11–3, So 11–1 Uhr. Schon lange ein beliebter Treffpunkt der Einheimischen. Vor allem Jüngere kommen gerne auf ein Bier oder eine Kleinigkeit in den »Andalusischen Hund«.

Rīga

Sehenswert
1. Dom (Rīgas Doms)
2. Ordensschloss (Rīgas pils)
3. St.-Jakobs-Kathedrale (Sv. Jēkaba katedrāle)
4. Die Drei Brüder (Trīs brāļi)
5. Pulverturm (Pulvertornis)
6. Petrikirche (Pētera baznīca)
7. Kunstmuseum in der Börse (Mākslas muzejs RĪGAS BIRŽA)
8. Okkupationsmuseum (Latvijas okupācijas muzejs)
9. Schwarzhäupterhaus (Melngalvju nams)
10. Häuser der Kleinen und Großen Gilde
11. Katzenhaus (Kaķu nams)
12. Eckes Konvent (Ekes Konvents)
13. Laima-Uhr
14. Bastejkalns-Park
15. Freiheitsstatue (Brīvības piemineklis)
16. Jugendstilmuseum (Jūgendstila muzejs)
17. Ehemalige Amerikanische Botschaft

Essen und Trinken
1. Restorāns Čarlstons
2. Melnie Mūki
3. Kaļķu Vārti
4. Kiploku Krogs
5. Alus Sēta

Einkaufen
1. Centrāltirgus

Ausgehen
1. Rīgas Balzams
2. A. Suns

Litauen, Lettland, Estland und Russland

Infos und Termine

Rīga Tourist Information Centre: Rātslaukums 6 (Rathausplatz, neben dem Schwarzhäupterhaus), Tel. 67 03 79 00, www.liveriga.com, Mai–Sept. tgl. 9–19, sonst 10–18 Uhr.

Wer die **Riga Card** erwirbt, kann unentgeltlich den öffentlichen Nahverkehr nutzen und erhält freien Eintritt zu Museen sowie weitere Ermäßigungen (24 Std. 16 €, 48 Std. 20 € bzw. 72 Std. 26 €).

Kreuzfahrtterminal: Das Kreuzfahrtterminal liegt nördlich der Altstadt. Tram Nr. 5, 7 und 9 fahren zum Zentrum, ein Taxi kostet maximal 5 €. Man kann aber auch zu Fuß in die Altstadt gehen.

In der Umgebung

Jürmala ▶ G 4

Der Badeort Jūrmala westlich von Rīga entstand aus dem Zusammenschluss von einem Dutzend kleiner Fischerdörfer. Schon im 19. Jh. entdeckten die Rīgaer die Vorzüge des mehr als 30 km langen Sandstrandes mit Dünen und Kiefernwäldern im Hinterland. Es entwickelte sich schnell ein international bekannter Kur- und Badeort. Aus dieser Blütezeit gibt es in den Ortsteilen Majori, Dubulti und Dzintari noch zahlreiche reich verzierte Holzvillen, von denen viele in den letzten Jahren saniert wurden.

Am meisten Betrieb herrscht während der Sommermonate in Majori, die Fußgängerzone Jomas ielā bildet mit ihren Geschäften, Restaurants und Bars die beliebteste Flaniermeile Jūrmalas. Kein Wunder, denn die Verkehrsverbindung von und nach Rīga ist gut; es gibt eine regelmäßige Zugverbindung, außerdem verkehren Kleinbusse.

Tallinn ▶ H 2, Cityplan S. 74

Tallinn ist mit rund 430 000 Einwohnern die mit Abstand größte Stadt Estlands und das bedeutendste Wirtschafts- und Kulturzentrum. Die alte Hansestadt an der Tallinner Bucht, die von Deutschen und Schweden einst Reval genannt wurde, beherbergt viele Sehenswürdigkeiten.

Vor allem der mittelalterliche Stadtkern (**direkt 7** ▶ S. 76), der zum Weltkulturerbe zählt, zieht Besucher aus aller Welt an. In ihrer Blütezeit war die Altstadt von einer 2,4 km langen, bis zu 16 m hohen und zwei bis drei Meter dicken Mauer umschlossen. In diese mächtige Mauer waren mehr als 40 Türme integriert, was Tallinn damals zu einer der am besten befestigten Städte im Ostseeraum machte. Heute ist der Ring zwar ein wenig löchrig und auch von den Türmen ist nur noch gut die Hälfte erhalten geblieben, doch noch immer schirmt er den mittelalterlichen Stadtkern vor dem modernen Tallinn ab.

Innerhalb der Altstadtmauern präsentiert sich Tallinn als liebevoll gepflegtes Kleinod, außerhalb sind seit der Unabhängigkeit große Einkaufszentren, moderne Bürohäuser und Gewerbegebiete entstanden, aber auch die Hinterlassenschaften der Sowjetzeit sind als gesichtslose Plattenbausiedlungen noch vorhanden.

> Von der Olaikirche ist es nicht weit bis zu einem Durchlass in der Stadtmauer. Verlassen Sie hier die Altstadt und gehen ein Stück durch den Park Tornide väljak, dann haben Sie einen schönen Blick auf ein besonders gut erhaltenes Stück der **Stadtmauer** von Tallinn mit mehreren Türmen.

Tallinn

Essen und Trinken
Wie im Mittelalter – **Olde Hansa** 1: Vana Turg 1, Tel. 627 90 20, www.oldehansa.com, tgl. 11–24 Uhr, ab 16 €. In einem alten Haus aus der Hansezeit wird bei schummrigem Kerzenlicht und leiser mittelalterlicher Musik gespeist. Die Bedienung trägt mittelalterliche Tracht. Wildschwein, Lamm oder Lachs werden nach uralten Rezepten zubereitet, dazu gibt es Honigbier und Honigwein. Für die mehrgängigen Festessen sollte man viel Zeit und großen Hunger mitbringen.

Typisch estnisch – **Kuldse notsu kõrts** 2: Dunkri 8, Tel. 628 65 67, www.hotelstpetersbourg.com, tgl. 12–24 Uhr, ab 14 €. Das Kellerrestaurant »Kleines Schweinchen« gehört zum Luxushotel St. Petersbourg und ist wie ein Landgasthaus eingerichtet. Für Liebhaber deftiger und reichhaltiger Fleischgerichte genau das Richtige.

Einfach sättigend – **Kompressor** 3: Rataskaevu 3, Tel. 646 42 10, tgl. 11–1 Uhr, ab 4 €. Hier gibt es riesige Pfannkuchen – süß oder herzhaft gefüllt. Beliebt nicht nur bei Studenten.

Nostalgisch – **Maiasmokk** 4: Pikk 16, Tel. 646 40 79, Mo–Fr 8–22, Sa 9–22, So 9–21 Uhr. Tallinns ältestes Café stammt aus dem Jahr 1864 und bietet eine große Kuchenauswahl und guten Kaffee. Besonders schön ist die kunstvoll verzierte Decke des Cafés. Gehen Sie auch nach nebenan, denn dort werden von Mitarbeiterinnen der traditionsreichen Schokoladenmarke Kalev Marzipanfiguren in Handarbeit bemalt und verkauft.

Ausgehen
Bayerisch – **Beer House** 1: Dunkri 5, Tel. 644 22 22, www.beerhouse.ee, Fr, Sa 11–2, sonst bis 24 Uhr. Bierkeller mit Musik und deftigem Essen. Die Spezialität ist das hausgebraute Bier – das einzige Tallinns – das in sieben Sorten angeboten wird.

Infos und Termine
Tallinn Tourist Information Center: Niguliste 2/Kullassepa 4, Tel. 645 77 77, www.tourism.tallinn.ee, Mitte Juni–Ende Aug. Mo–Fr 9–20, Sa, So 9–18 Uhr, sonst kürzer.

Die **Tallinn Card** berechtigt zur kostenlosen Nutzung der öffentlichen Verkehrsmittel und zur Besichtigung von rund 40 Museen und Sehenswürdigkeiten. Es gibt sie für 24 Std. (31 €), 48 Std. (39 €) und 72 Std. (49 €).

Kreuzfahrtterminal: Der Hafen mit vier Terminals liegt nordöstlich der Altstadt, diese ist auch zu Fuß zu erreichen. Vom Terminal A fährt der Bus Nr. 2 ca. alle 30 Min. zum Zentrum. Ein Taxi kostet rund 5 €.

In der Umgebung

Rotermannviertel
Tallinn im 21. Jh.! Bis vor wenigen Jahren war das Rotermannviertel zwischen Hafen und Altstadt noch ein heruntergekommenes Industriegebiet. Mittlerweile ist es ein zwar noch kleines, aber modernes neues Stadtquartier. Um den zentralen Platz gruppieren sich in sanierten Fabrikgebäuden und Neubauten, die in teilweise avantgardistischem Stil errichtet wurden, Geschäfte, Restaurants und Cafés sowie ein Kulturzentrum. **Loovala** ist ein für Besucher offenes Atelier, in dem mehrere Künstler arbeiten und ihre Werke ausstellen. In der Nähe befindet sich in einem alten Salzspeicher das **Estnische Museum für Architektur** (Ahtri 2, Tel. 625 70 00, www.arhitektuurimuuseum.ee, Mi 12–18, Do 12–20, Fr–So 11–18 Uhr, 4 €; bei Redaktionsschluss Anfang

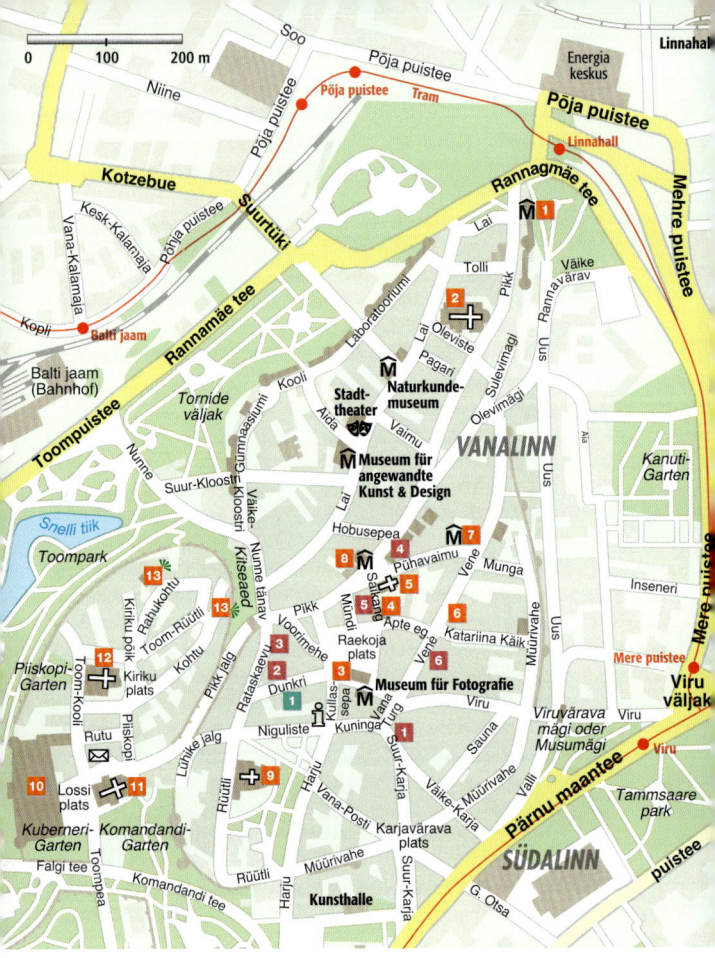

2015 wegen Renovierung geschl.). Schon allein wegen des Anfang des 20. Jh. aus Kalkstein erbauten Gebäudes lohnt der Besuch.

Kadriorg

Der grüne Vorort Kadriorg (Katarinental) wurde von Zar Peter I. angelegt. Er ließ auch das in Estland einzigartige Barockschloss erbauen und den Schlosspark anlegen. Die Innenräume des Schlosses werden heute vom **Estländischen Kunstmuseum** (Kadrioru kunstimuuseum, Weizenbergi 37, Tel. 606 64 00, www.ekm.ee, Mai–Sept. Di, Do–So 10–17, Mi 10–20, Okt.–April Do–So 10–17, Mi 10–20 Uhr, 4,80 €) genutzt. Zu sehen ist in erster Linie internationale Kunst. Architektonisch bemerkenswert ist der zweistöckige zentrale Weiße Saal mit seinen Stuckverzierungen und den Deckengemälden.

Die größte Attraktion Kadriorgs ist das Kunstmuseum **KUMU** (Weizenbergi 34, Tel. 602 60 00, www.ekm.ee, Mai–Sept. Di, Do–So 11–18, Mi 11–20, Okt.–April Do–So 11–18, Mi 11–20 Uhr, 5,50 €), das schon zwei Jahre nach

der Eröffnung 2008 mit dem European Museum of the Year Award ausgezeichnet wurde. Schon die Architektur des kreissegmentförmigen Gebäudes, das tief in den Kalkstein Kadriorgs gebaut wurde, ist sehenswert. Die Dauerausstellungen sind chronologisch aufgebaut und führen den Besucher durch die estnische Kunst vom 18. Jh. bis in die Gegenwart. Außerdem finden jedes Jahr zahlreiche Sonderausstellungen statt.

Neben einem Besuch der Museen und des Schlossparks lohnt auch ein Spaziergang durch den Ort Kadriorg selbst mit seinen alten, reich verzierten Holzhäusern. Viele von ihnen sind mittlerweile nach langer Vernachlässigung wieder hergerichtet worden.

Pirita
Auf dem Weg in den Vorort Pirita kommt man an der muschelförmigen **Sängerbühne** vorbei, hier begann die »Singende Revolution«, die ein wichtiger Teil der Unabhängigkeitsbewegung war. Auch heute finden hier noch regelmäßig große Sängerfeste   ▷ S. 80

7 | Ein Ausflug ins Mittelalter – die Altstadt von Tallinn

Karte: Cityplan S. 74 | **Dauer:** mind. 4–6 Std.

Die Mischung macht's! Einerseits besitzt Tallinn noch ein mittelalterliches Zentrum mit intakter Stadtmauer, engen Gassen, stolzen Kirchen und prächtigen Kaufmannshäusern aus der Hansezeit. Andererseits findet man in jeder Gasse eine Vielzahl abwechslungsreicher Restaurants, Cafés und Kneipen, in denen das moderne Leben pulsiert.

Schon nach rund 15 Minuten Fußweg vom Hafen erreichen Sie die Große Strandpforte, die von der **Dicken Margarete** 1 (Paks Margareeta), einem mächtigen Turm mit 25 m Durchmesser, bewacht wird. Von ihm aus wurde einst das Nordende der Altstadt zur Seeseite verteidigt. Heute ist im Innern das **Estnische Museum für Seefahrt** untergebracht. Geht man nun die Lai-Straße in Richtung Süden, kommt man bald zur **Olaikirche** 2 (Oleviste kirik), die nach dem norwegischen König und Heiligen Olaf benannt wurde. Um ihren Baumeister ranken sich zahlreiche Legenden, fest steht aber, dass sie im Mittelalter wegen ihres 159 m hohen Turmes berühmt war. Wahrscheinlich war er damals sogar das höchste Gebäude der Welt. Nach mehreren Bränden und Rekonstruktionen ist der Turm zwar nur noch 124 m hoch, eine Besteigung lohnt aber immer noch, um einen Blick von oben auf Tallinn zu werfen.

7 | Altstadt von Tallinn

Treffpunkt Rathausplatz

Von der Olaikirche ist es nicht weit bis zum **Rathausplatz,** der seit dem Mittelalter das Zentrum Tallinns bildet. Er ist die Freilichtbühne der Stadt, hier finden viele große Events, wie das Altstadtfest und der Weihnachtsmarkt, statt, hier wirbt aber auch rund ein Dutzend Restaurants um die Gunst der flanierenden Touristen.

Sofort ins Auge fällt das spätgotische **Rathaus** 3 mit seinem schlanken, achteckigen Turm. An der Fassade sieht man einen eisernen Halsring, den kleinen Schandpfahl, an dem Diebe früher an den Pranger gestellt wurden. Wer den Kopf in den Nacken legt, sieht hoch oben an der Fassade zwei drachenförmige Wasserspeier und wer gute Augen hat, kann auf der Turmspitze die kupferne Wetterfahne sehen, die einen Wachsoldaten, den Alten Thomas, zeigt. Aus der Nähe kann man ihn im Rathaus anschauen, auf dem Turm steht eine Kopie. Durchaus lohnend, allerdings nur für nicht klaustrophobisch Veranlagte, ist es, die enge Wendeltreppe im **Rathausturm** zu erklimmen, um einen Blick von oben auf Tallinn zu werfen. So bekommt man einen guten Eindruck, wie eng sich die Häuser innerhalb der alten Stadtmauer drängen. Der Domberg scheint zum Greifen nah und bei schönem Wetter kann der Blick weit über die Tallinner Bucht bis nach Pirita schweifen.

Wieder mit beiden Beinen auf der Erde, ist die **Ratsapotheke** 4 an der Nordseite des Rathausplatzes das nächste Ziel des Stadtbummels. Seit 1422 werden hier Arzneimittel verkauft, damit ist die Ratsapotheke eine der ältesten Apotheken der Welt. Früher bekam man hier allerlei merkwürdige Dinge, wie das geheimnisvolle Heilgetränk Klarett, heute besteht das Sortiment aus Aspirin und Ähnlichem.

Kunsthandwerk und Kuchen

Lassen Sie sich ein paar Schritte weiter zu einer Pause im **Kehrwieder** 5 verführen. Von außen wirkt das Kellercafé zwar unscheinbar, doch innen ist es mit seinem alten Mobiliar im Licht der flackernden Kerzen sehr gemütlich und überzeugt zudem noch mit selbst gemachtem Kuchen.

Ein Abstecher von wenigen Schritten führt zur **Heiliggeistkirche** 5 (Pühavaimu kirik), die ihr Aussehen sei dem 14. Jh. kaum verändert hat, nur der Turm wurde 100 Jahre später hinzugefügt. An der nördlichen Außenwand fällt die über 300 Jahre alte, bunt bemalte Sonnenuhr ins Auge. Im Inneren sind die reichen gotischen Holzschnitzereien sowie der Hauptaltar von 1483 aus der Werkstatt des Lübecker Meisters Bernt Notke bemerkenswert.

Mindestens ebenso verführerisch wie das Kehrwieder ist **Pierres Chocolaterie** 6 im Meisterhof. Von der Vene-Straße betritt man durch einen Torbogen den ruhigen Innenhof. Im Sommer sitzt man draußen, aber richtig gemütlich wird es drinnen, im kleinen, herrlich plüschigen Café im Stil des 19. Jh. Die hausgemachten Trüffel sollten Sie unbedingt probieren.

In der **Katharinengasse,** die die Straßen Müürivahe und Vene miteinander verbindet, arbeiten mehrere Kunsthandwerkerinnen, die sich ähnlich wie einst die Mitglieder der historischen Katharinen-Gilde zusammengeschlossen haben. Wenige Schritte weiter, an der Vene-Straße, liegt das ehemalige **Dominikanerkloster** 6. Mitte des 13. Jh. errichtet, wurde es während und nach der Reformation zum Großteil zerstört. Später entstand auf dem Gelände des Klosters eine katholische Kirche. Bis heute erhalten geblieben sind ein Teil der Kirche, der Kreuzgang, der Kapitelsaal und einige Räume des Ostflügels.

Litauen, Lettland, Estland und Russland

Wer mehr über die Stadtgeschichte erfahren möchte, sollte das **Tallinner Stadtmuseum** 7 (Tallinna linnamuuseum) besuchen. Schwerpunkte der Ausstellungen sind das mittelalterliche Tallinn und das 20. Jh.

Gildehäuser

Die Pikk ist die Straße der Gildehäuser. Seit dem 14. Jh. waren die Kaufleute die wahren Herrscher Tallinns. Sie gründeten einflussreiche Gilden und beherrschten das politische und gesellschaftliche Leben. Ihre Häuser gehören auch heute noch zu den schönsten der Stadt. Im **Haus der Großen Gilde** 8 (Nr. 17) waren die einflussreichsten Kaufleute und Reeder der Stadt organisiert. Heute ist in dem Gebäude das **Museum für Estnische Geschichte** (Eesti ajaloomuuseum) untergebracht, das die estnische Geschichte von den Anfängen bis zum Ende des 18. Jh. zeigt. Die Kanutgilde (Nr. 20) vertrat einst deutschstämmige Handwerker, die Olaigilde (Nr. 24) schwedische, finnische und estnische Handwerker. Im Schwarzhäupterhaus (Nr. 26) residierten die unverheirateten deutschen Kaufleute. Seine Fassade im Stil der niederländischen Renaissance zeigt die Wappen der Hansekontore von Brügge, Nowgorod, London und Bergen.

Kunst in der Kirche

Die im Zweiten Weltkrieg zerstörte und später wieder aufgebaute **Nikolaikirche** 9 (Niguliste kirik) südlich des Rathausplatzes wird heute vom Estnischen Kunstmuseum genutzt. Sehenswert sind der Hauptaltar aus dem Jahr 1482 vom Lübecker Meister Herman Rode, ferner der Marienaltar der Schwarzhäupterbrüderschaft aus dem 15. Jh. sowie kostbares Kirchen- und Gildesilber. In der Antoniuskapelle der Kirche ist das Fragment des eigenwilligen Totentanz-Gemäldes des Lübecker Künstlers Bernt Notke aus dem 15. Jh. zu sehen. Es zeigt die Mächtigen der Zeit, wie sie von Figuren des Todes zum Tanz geführt werden.

Auf den Domberg

Im Mittelalter waren Unterstadt und Domberg durch Mauern, Tore und Tür-

Der Hauptaltar in der Heiliggeistkirche aus der Werkstatt des Lübecker Malers Bernt Notke

7 | Altstadt von Tallinn

Übrigens: Beim Spaziergang auf dem Domberg fallen viele prächtige, meist klassizistische Stadtpalais auf. Sie dienten frührer den Adligen als Winterdomizil, heute residieren in ihnen verschiedene Botschaften.

me getrennt, denn es gab ständig Ärger zwischen den beiden Stadtteilen. In der Unterstadt lebten zumeist Handwerker und Kaufleute nach dem Stadtrecht, auf dem Domberg dagegen Adlige und Geistliche nach dem Kirchen- und Landrecht.

Auch heute führen nur zwei Wege auf den Domberg: Über das Kurze Bein (Lühike jalg) mit Treppenstufen oder etwas weniger anstrengend über das Lange Bein (Pikk jalg). Egal, welche Variante Sie wählen, Sie erreichen das 50 m hohe Kalksteinplateau in der Nähe des Schlossplatzes. Im **Schloss** 10 (Toompea loss), das auf Katharina II. zurückgeht, tagt heute das Parlament, zu besichtigen ist es deshalb nicht. Viel auffälliger ist jedoch die reich geschmückte orthodoxe **Alexander-Newski-Kathedrale** 11. Die größte Kuppelkirche Tallinns prägt mit ihren bunten Zwiebeltürmen wesemtlich die Silhouette der Stadt. Sie wurde Ende des 19. Jh. an dieser prominenten Stelle errichtet, um der Russifizierungspolitik des Zarenreiches Nachdruck zu verleihen.

In der **Domkirche** 12 (Toomkirik), die von den Dominikanern im 13. Jh. begonnen wurde, sind an den Wänden reich verzierte Wappenepitaphe von deutschbaltischen Adelsfamilien und auf dem Boden die Grabplatten bekannter Persönlichkeiten zu sehen. Einen schönen Blick auf die Unterstadt, den Hafen und die Bucht von Tallinn bis hinaus nach Pirita bieten die beiden **Aussichtsplattformen** 13 des Dombergs. Gut zu sehen sind von hier die Stadtmauer, die eng beieinander stehenden Häuser der Altstadt mit ihren roten Dächern sowie die Türme von Olaikirche, Nikolaikirche, Heiliggeistkirche und Rathaus.

Infos
Museum für Seefahrt 1: Pikk 70, www.meremuuseum.ee, Mai–Sept. tgl. 10–18, sonst Mo. geschl., 5 €.
Olaikirche 2: Lai 50, www.oleviste.ee, Juli, Aug. tgl. 10–20, sonst 10–18 Uhr, Turm 2 €.
Rathaus 3: Raekoja plats 1, www.tallinn.ee/raekoda, Rathaus: Juli, Aug. Mo–Sa 10–16, 3 €, Turm Mai–Mitte Sept. tgl. 11–18 Uhr.
Heiliggeistkirche 5: Pühavaimu 2, Mai–Sept. Mo–Sa 9–17, sonst Mo–Sa 10–15 Uhr, 1 €.
Tallinner Stadtmuseum 7: Vene 17, www.linnamuuseum.ee, März–Okt. Mi–Mo 10–18, Nov.–Feb. 10–17.30 Uhr, 3,20 €.

Haus der Großen Gilde/Museum für Estnische Geschichte 8: www.ajaloomuuseum.ee, Mai–Aug. tgl, sonst Do–Di 10–18 Uhr, 5 €.
Nikolaikirche 9: Niguliste 3, www.nigulistemuuseum.ee, Mi–So 10–17 Uhr, 3,50 €.
Alexander-Newski-Kathedrale 11: Lossi plats 10, tgl. 8–18 Uhr.
Domkirche 12: Toom-Kooli 6, Juni–Aug. Di–So 8–17.30, sonst bis 16 Uhr, Turmbesteigung 5 €, Kirche 1,50 €.

Süße Verführungen unterwegs
Kellercafé **Kehrwieder** 6 (Saiakang 1, tgl. 11–24 Uhr); **Pierres Chocolaterie** 7 im Meisterhof (Vene 6, Tel. 641 80 61, tgl. 10–23 Uhr).

Litauen, Lettland, Estland und Russland

statt. Anfang Juli treffen sich jedes Jahr Zehntausende zum Õllesummer, einem mehrtägigen Bierfest, auf dem reichlich Bier und mehrere Bands für Stimmung sorgen. Auch die Gedenkstätte **Marjamäe**, ein riesiges Betondenkmal an der Straße nach Pirita, ist nicht zu übersehen, ein markantes Beispiel der Sowjetarchitektur in Tallinn. Es erinnert an die 1918 hier getöteten Russen.

Pirita verdankt seinen Namen dem 1407 hier gegründeten, der hl. Birgitta geweihten **Nonnenkloster** (Kloostri tee 9, Tel. 605 50 44, April, Mai, Sept., Okt. tgl. 10–18, Juni–Aug. tgl. 9–19, Jan.–März und Nov., Dez. tgl. 12–16 Uhr, 2 €). Seit dem Überfall von Iwan dem Schrecklichen 1577 ist es nur noch Ruine. Imposant ist vor allem der erhalten gebliebene Westgiebel. Im Sommer ist das Kloster ein beliebter Ort für Openairkonzerte und Theateraufführungen . Wer Erholung vom Stadtbummel sucht, kann sich am Sandstrand von Pirita entspannen oder mit einem Ruderboot den nahen Fluss erkunden.

Rocca al Mare
Auf einem weitläufigen, waldreichen Gelände an der Kopli-Bucht befindet sich Estlands größtes **Freilichtmuseum** (Vabaõhumuuseumi tee 12, Tel. 654 91 00, www.evm.ee, Mitte Mai–Sept. tgl. 10–20 (Häuser bis 18 Uhr), Okt.–April tgl. 10–17 Uhr, 5 €)**.** Knapp 80 Gebäude umfasst die Sammlung, zu sehen gibt es Bauernhöfe aus allen Landesteilen, eine alte Dorfschule, Wind- und Wassermühlen, ein Wirtshaus und eine der ältesten Holzkirchen Estlands. Da fast alle Häuser komplett eingerichtet sind, geben sie einen guten Einblick in das bäuerliche Leben des 18. bis 20. Jh. An Sommerwochenenden treten häufig Folkloregruppen auf. Den Namen verdankt das Museum den Findlingen und einem italienverliebten, reichen Kaufmann, der sich hier lange vor Eröffnung des Freilichtmuseums ein Sommerhaus bauen ließ. Wer zu Mittsommer in Tallinn ist, erlebt hier die schönsten Feiern zum längsten Tag des Jahres.

St. Petersburg
▶ K 2, Cityplan S. 84

St. Petersburg an der Mündung der Newa ist mit rund 4,9 Mio. Einwohnern die nach Moskau zweitgrößte Stadt Russlands. Die Stadt wurde 1703 von Zar Peter dem Großen im sumpfigen Newadelta gegründet, um Russland ein Fenster nach Europa zu öffnen. In kaum einer anderen Stadt sind die Prachtbauten so harmonisch aufeinander abgestimmt, nirgends ist die städtebauliche Konzeption so klar ersichtlich wie in St. Petersburg. Kein Wunder, denn die alte Hauptstadt des Russischen Reiches entsprang allein der Fantasie eines Mannes, ihres Gründers Peter I. Kurz nach der Gründung hieß sie Sankt-Pieterburch, von 1914–24 Petrograd, zu Sowjetzeiten Leningrad und danach auf mehrheitlichen Wunsch der Bewohner St. Petersburg. Mit Venedig hat St. Petersburg das Netz der Kanäle, den sumpfigen Untergrund, die vielen künstlichen Fundamente und die prachtvollen Paläste gemeinsam. Kein Wunder, dass sich die Stadt gerne selbstbewusst als ›Venedig des Nordens‹ lobt. Die Innenstadt mit dem berühmten Prachtboulevard **Nevskij prospekt** (direkt 8 S. 81) ist als Weltkulturerbe eingestuft.

Eremitage 1
Dvortsovaya nabereschnaja 34,
www.hermitagemuseum.org,
tgl. 10.30–18, Mi bis 21 Uhr, 400 RUB
Der berühmte Barockarchitekt Rastrelli entwarf im Auftrag der Za-   ▷ S. 84

8 | Bummel auf dem Nevskij – St. Petersburg

Karte: ▶ K 2, Cityplan S. 84 | **Dauer:** 1 Tag

Weder Krieg noch deutsche Belagerung oder 70 Jahre Sozialismus konnten St. Petersburg etwas anhaben. Der gesamte Stadtkern zeigt sich noch so, wie er einst im 18. Jh. vom Zaren und seinen genialen Baumeistern geplant worden ist. Auch heute noch wirkt die Stadt, die die Einheimischen liebevoll ›Piter‹ nennen, wie ein faszinierendes Gesamtkunstwerk.

Wie der Bug eines Schiffes teilt die Wassilij-Insel den Fluss in Kleine und Große Newa. **Strelka,** das Zünglein, nennen die Sankt Petersburger diesen schönen Aussichtspunkt. Zwischen den beiden roten Rostra-Säulen, diesen eigenartigen Leuchttürmen, aus denen Schiffsschnäbel herauswachsen, liegt eine kleine Grünanlage mit Bänken. Im Hintergrund thront die Börse, ein antiker Tempel mit strahlend weißen dorischen Säulen, über dem Haupteingang der Meeresgott Neptun als Kapitän.

Was für ein Panorama!

Zur Linken die Haseninsel mit der **Peter-Paul-Festung** (s. S. 84), unverwechselbar durch den spitzen, vergoldeten Turm der Kathedrale, in der die Zaren zur letzten Ruhe gebettet wurden. Zur Rechten, am gegenüber liegenden Ufer der Newa, sieht man eine lückenlose Reihe pastellfarbener Paläste. Unverkennbar der barocke **Winterpalast,** die ehemalige Residenz der Zaren, in dem sich heute die weltberühmte Eremitage (s. S. 80) befindet. Besonders schön leuchtet seine grün-weiße Säulenfassade mit den goldenen Verzierungen im warmen Licht der Nachmittagssonne. Jenseits der Brücke über die Newa sticht die goldene Nadel der **Admiralität** 5 (Admiraltejstwo), heute die Marinehochschule, in den Himmel.

Litauen, Lettland, Estland und Russland

Äußerst fotogen ragen die Türme der Erlöserkirche, auch Christi-Auferstehungs-Kathedrale genannt, in den St. Petersburger Himmel

Gehen Sie von der Wassilij-Insel über die viel befahrene Dvorcovyi-Brücke zum **Schlossplatz** 6 mit der Alexandersäule in der Mitte. Der Platz ist riesig und wird vom Winterpalast und der halbrunden, fast 600 m langen Front des **Generalstabsgebäudes** 7 flankiert. Vor der Besichtigung der Eremitage reiht man sich geduldig in die lange Schlange der Wartenden ein; eigentlich nicht verwunderlich, denn pro Jahr wollen 3–4 Mio. Besucher in dieses Museum der Superlative.

Flaniermeile Nevskij prospekt

»Kaum betrittst Du den Newski, riecht's schon nach Bummeln«, schrieb der russische Schriftsteller Gogol im 19. Jh., als sich die breite, schnurgerade Straße zu einer der mondänsten und berühmtesten Flaniermeilen der Welt mauserte. Auch heute herrscht auf dem **Newski-Boulevard (Nevskij prospekt)** wieder Gedränge auf den breiten Trottoirs, doch die Petersburger flanieren nicht mehr über den Newski-Boulevard, sie haben es eilig, kaum einer wirft einen Blick in die Boutiquen, leisten können sich den Luxus eh nur die wenigsten.

Fast 5 km lang ist der Nevskij, er bildet eine Achse, die zwei völlig verschiedene Städte, die imperiale Residenz der Zaren und das Leningrad der Nachkriegszeit mit seinen hässlichen Schlafstädten verbindet. Vor allem zwischen Admiralität und Anitschkow-Brücke reiht sich ein Höhepunkt an den anderen. Rechter Hand liegt die mächtige **Kasaner Kathedrale** 8 mit ihren halbkreisförmigen Kolonnaden, deren Architekt sich ganz unbescheiden die Peterskirche in Rom zum Vorbild genommen hatte. Gegenüber befindet sich im **Dom Knigi** 9 die größte Buchhandlung der Stadt. Bemerkenswerter als der Laden ist aber der üppig verzierte Jugendstilbau mit großer Kuppel.

8 | St. Petersburg

Übrigens: Die Metro von St. Petersburg ist nicht nur ein äußerst praktisches Fortbewegungsmittel, sie ist auch ein Erlebnis. Auf endlosen Rolltreppen gelangt man in den Untergrund und wartet mit den Massen auf die in der Regel im Zwei-Minuten-Takt fahrenden Züge. Fahren Sie mit der Linie 1 und steigen Sie zwischen Ploschtschad Wostanija und Awtowo an jeder Station aus. Die Bahnhöfe sind Kunstwerke mit nostalgischen Kandelabern und kitschigem Pressglas im Zuckerbäckerstil der Stalinzeit.

Das **Café Singer** (Nevskij prospekt 28, tgl. 9–23 Uhr) im 1. Stock ist immer gut besucht, wegen der guten Kuchenauswahl, der leckeren russischen Kleinigkeiten wie z. B. *Pelmeni* und natürlich wegen des schönen Blicks auf den Newski und die Kasaner Kathedrale. Die Preise sind allerdings happig – vergleichbar mit denen auf dem Markusplatz in Venedig.

Ein Abstecher vom Nevskij am Gribojedow-Kanal entlang führt zur **Erlöserkirche** 10. Mit den bunten Zwiebeltürmen gleicht sie der Basiliuskathedrale auf dem Roten Platz in Moskau. Bei der Kirche gibt es einen großen Souvenirmarkt, angeboten werden überwiegend Matrjoschkas und Ikonen.

Shopping vor prachtvollen Fassaden

Zurück auf dem Newski kommt man zum **Grand Hotel Europe** 11, dem Inbegriff des Luxus. Shopping auf hohem Niveau bieten die Einkaufsgalerie **Passasch** 3 und das Kaufhaus **Gostinyi Dwor** 4, das einen ganzen Häuserblock einnimmt.

Am **Ostrowski-Platz** hält Katharina die Große Hof und bietet Besuchern in einem kleinen Park Bänke zum Ausruhen der müden Füße an. Im Hintergrund das **Puschkin-Theater** 12 mit einer Quadriga, die der auf dem Berliner Brandenburger Tor gleicht. Gegenüber vom Park fällt ein schöner Jugendstilbau ins Auge, in dem einst das Delikatessengeschäft der Familie Jelissejew untergebracht war.

Kurz vor der Brücke über die Fontanka liegt der **Anitschkow-Palast** 13 aus dem Jahr 1741, er ist damit der älteste Prachtbau am Newski. Auf der **Anitschkow-Brücke** 14 sind die Figuren von vier Rossbändigern zu sehen und dahinter am Ufer der rosafarbene **Belosselskij-Beloserskij-Palast** 15.

Jenseits der Anitschkow-Brücke ist der Nevskij zwar immer noch ein belebter Boulevard, aber die Sehenswürdigkeiten folgen nicht mehr so dicht aufeinander.

Infos
Kasaner Kathedrale: 8.30–20 Uhr.
Erlöserkirche: Nabereschnaja kan. Griboedova 2b, tgl. außer Mi 11–19 Uhr, 250 RUB.

Shopping auf hohem Niveau
Gostinyi Dwor: Nevskij prospekt 35, tgl. 10–22 Uhr.
Passasch: Nevskij prospekt 48, Mo–Sa 10–21, So 11–21 Uhr.

Für den kleinen Hunger zwischendurch …
Überall in der Stadt trifft man auf eine der rund 50 Filialen der Fast-Food-Kette **Teremok,** auch am Nevskij 60 (10–22 Uhr). Burger sucht man hier vergebens, bei Teremok gibt es vor allem typisch russische *Blini* mit verschiedenen Füllungen, die man sich selber zusammenstellen kann. Sehr beliebt bei Einheimischen.

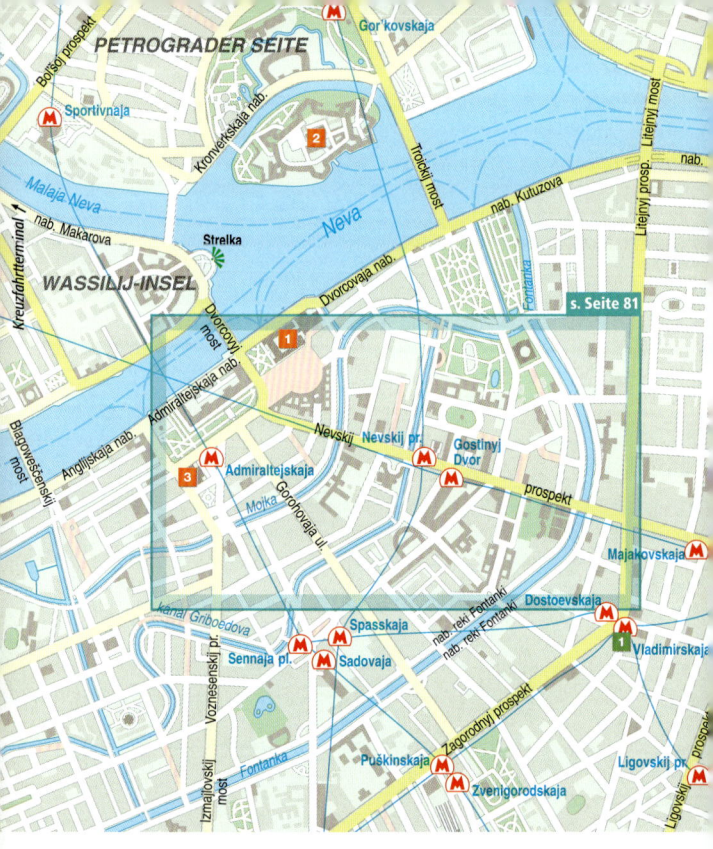

rin Elisabeth einen Palast mit mehr als 1000 Räumen, dessen Inneres selbst die kühnsten Erwartungen übertrifft. Riesige Säle mit vergoldeten Säulen, aufwendige Deckenmalereien und schwergewichtige Kandelaber lassen erahnen, in welchem Luxus die Zaren einst residiert haben.

Der Palast ist der ideale Rahmen für eine der größten Kunstsammlungen der Welt, die rund 3 Mio. Objekte umfasst und in der alle Künstler von Weltruf vertreten sind, angefangen von Leonardo da Vinci, Raffael und Tizian über Rembrandt und Rubens bis zu den großen Meistern der klassischen Moderne, darunter Cezanne, Matisse, Picasso und Gauguin.

Peter-Paul-Festung 2

Festungsgelände 6–22 Uhr, Museen Do–Mo 11–18, Kathedrale Di 10–17, Do–Mo 10–18 Uhr, genaue Öffnungszeiten für alle Sehenswürdigkeiten auf dem Gelände: www.spbmuseum.ru/en/themuseum/visitors/regis.php, Eintritt für alles: 350 RUB

Von der Newa hat man einen besonders schönen Blick auf die Peter-Paul-Festung, deren Bau im Jahr 1703 begonnen wurde und die Geburtsstunde von St. Petersburg markiert. Weithin sichtbar ist die 122 m hohe, vergoldete Nadelspitze des Kathedralturms. Die dreischiffige Kirche mit barocker Innenausstattung und prächtiger Ikonostase beherbergt die Gruft der Romanow-Zaren seit Peter dem

St. Petersburg

Sehenswert
1. Eremitage
2. Peter-Paul-Festung
3. Isaakskathedrale
4. Alexander-Newski-Kloster
5. – 15. s. S. 81

Einkaufen
1. Bauernmarkt
2. Moskauer Bahnhof
3. – 4. s. S. 81

Großen. Innerhalb der Festung mit sechs Bastionen befinden sich das Kommandantenhaus mit einer Ausstellung zur Stadtgeschichte, das Haus der Ingenieure mit dem Museum des Alten St. Petersburg und der Kommandantenfriedhof.

Isaakskathedrale 3
Isaakijewskaja pl. 1, www.cathedral.ru, Säulenumgang Mai–Sept. tgl. 10–19, sonst ab 11 Uhr. Kombiticket 400 RUB, Kathedrale 250 RUB
Die Isaakskathedrale ist der drittgrößte Kuppelbau der Welt und kann sich als Symbol der Macht mit dem Petersdom in Rom messen. Der monumentale Bau stammt aus der Mitte des 19. Jh. und wurde von dem französischen Architekten Auguste de Montferrand entworfen. Vom Säulenumgang unter der Kuppel hat man einen guten Blick auf die Stadt.

Alexander-Newski-Kloster 4
Nabereschnaja reky Monastirky 1, Metrostation Alexander-Newski-Platz (Ploschadj Aleksandra Nevskogo), Kloster tgl. 6–20, Friedhöfe 9.30–17.30 Uhr
Im stillen Klosterbezirk befinden sich der Lazarus-Friedhof und der Tichwiner-Friedhof, auf denen Berühmtheiten wie der Schriftsteller Fjodor Dostojewskij und der Komponist Peter Tschaikowskij begraben liegen. Einen Besuch lohnen auch die Dreifaltigkeitskathedrale und die Mariä-Verkündigungs-Kirche auf dem Klostergelände.

Litauen, Lettland, Estland und Russland

Bauernmarkt auf Russisch

Steigen Sie an der **Metrostation Vladimirskaja** aus und Sie erleben ein Stück typisches Russland, nicht die Hochglanz-Variante des Nevskij. Rund um die Metrostation findet jeden Tag ein **Bauernmarkt 1** statt. In der Markthalle geht es fast orientalisch zu: Honig in ungewöhnlichen Geschmacksrichtungen wird auf kleinen Papierfetzen zum Kosten angeboten. Getrocknete Früchte und Nüsse aus den warmen Südprovinzen türmen sich zu Pyramiden. Obst und Gemüse bergeweise, frischer Quark, Butter, Sahne und Käse, auch frisches Fleisch im Überfluss. Natürlich darf auch Kaviar nicht fehlen, roter und schwarzer jeder Qualität wartet in Schüsseln auf Käufer. Vor dem Eingang der Markthalle bieten Frauen die bescheidenen Spezialitäten ihrer Küchen und Gärten feil. Ein Glas Sauerkraut oder Gurken, ein Kürbis oder einige Eier sollen die schmale Kasse aufbessern.

Einkaufen

Am Vosstanija-Platz fällt der historische **Moskauer Bahnhof 2** (Moskowskij woksal) auf, heute z. T. Shoppingmeile.

Infos und Termine

Infos zu St. Petersburg im Internet: www.visit-petersburg.com und www.ispb.info. Ein vernünftig funktionierendes Touristenbüro vor Ort gibt es nicht. Wer Fragen hat, wendet sich an eines der großen Hotels. Die Kioske vor dem Gostinyi Dwor (Nevskij 35) bieten Stadtrundfahrten und Ausflüge an. **Schiffsausflüge** starten am Steg vor dem Winterpalast, **Stadtrundfahrten** per Boot an der Anitschkow-Brücke. Es sind einige unseriöse Taxifahrer unterwegs, also immer vor Fahrtantritt Preis erfragen. Die beste Möglichkeit: ein Taxi vom Restaurant oder Café telefonisch bestellen.

Kreuzfahrtterminal: Das neue Passagierterminal liegt im Westen der Wassilij-Insel, per Bus oder Minibus sind es ca. 20 Min. zum Zentrum. Manche Kreuzfahrtschiffe legen auch in der Nähe der Blagoweščenskij-Brücke (Leutnant-Schmidt-Brücke) an, von der man bequem zu Fuß in die Stadt kommt.

In der Umgebung

Im Zarendorf **Zarskoje Selo** (Puschkin, 25 km südlich) befindet sich u. a. der märchenhafte Katharinenpalast (Gruppen Mi–Mo 10–17, individuell 12–14 und 16–17 Uhr, 520 RUB), ein Meisterwerk des russischen Barock. In ihm ist die Rekonstruktion des sagenhaften Bernsteinzimmers zu bewundern.

Im benachbarten **Pawlowsk** gibt es den wahrscheinlich schönsten Landschaftspark Russlands. Auch der hufeisenförmige, klassizistische Palast (Park tgl. 10–20, Palast 10–17 Uhr, Achtung: 1. Mo im Monat geschl., Palast 450 RUB, Park 150 RUB) lohnt einen Besuch.

Den Ausflug nach **Peterhof** (30 km westlich) sollte man möglichst an einem schönen Sommertag machen. Dann ist schon die Anreise mit dem Boot zur einstigen Sommerresidenz der Zaren eine Freude und die Wasserbecken, Kaskaden, Fontänen und goldenen Figuren glitzern besonders schön in der Sonne (Boote ab Anleger vor dem Winterpalast, www.peterhofmuseum.ru, Park 9–19 Uhr, 500 RUB; Palast 10.30–18 Uhr, 500 RUB).

Erfrischendes für schöne Sommertage: die Wasserspiele in Peterhof

St. Petersburg

Finnland, Schweden, Dänemark

Helsinki ▶ H 2, Cityplan S. 90

Helsinki (schwedisch: Helsingfors) ist mit 621 000 Einwohnern die größte Stadt Finnlands. Die Stadt hat rund 6 % schwedischsprachige Einwohner und ist offiziell zweisprachig. Mit den Nachbarstädten Espoo, Kauniainen und Vantaa ist sie mittlerweile zusammengewachsen und bildet mit ihnen die Hauptstadtregion mit rund einer Million Menschen.

1550 gründete der Schwedenkönig Gustav Vasa die Stadt an der Mündung des Flusses Vantaanjoki, an den heutigen Ort wurde sie 1640 verlegt.

Heute gilt Helsinki als Stadt des Klassizismus. Teile der Stadt werden aber auch durch die Jugendstilarchitektur vom Anfang des 20. Jh. geprägt. Ebenso ist der moderne Funktionalismus der 1930er-Jahre in Helsinki stark vertreten. Insgesamt ist die finnische Hauptstadt wegen ihrer zahlreichen Prachtbauten unterschiedlicher Stilrichtungen architektonisch hochinteressant. Einen guten Überblick über die verschiedenen Architekturstile Helsinkis bekommt man bei einem Spaziergang vom Marktplatz über den Domplatz, weiter zum Reichtagsgebäude und zur Finlandia-Halle (direkt 9 ▶ S. 92).

In den letzten Jahren hat sich Helsinki zu einer internationalen Metropole entwickelt, außerdem ist es der wichtigste Handelsplatz Finnlands und ein Zentrum der modernen Informations- und Kommunikationstechnik.

Kaivopuisto-Park **1**

Der Park liegt auf einer Halbinsel südlich vom Marktplatz direkt am Meer. Vom Aussichtspunkt hat man einen schönen Blick auf den Jachthafen und man sieht, wie die großen Fähren ein- und auslaufen. Am Wasser entlang verläuft eine Promenade, das traditionsreiche Café Ursula lädt hier zu einer Pause ein. Am Rande des Parks liegt das Botschaftsviertel mit einigen sehenswerten Gebäuden. Wer sich für den finnischen Nationalhelden Mannerheim interessiert, findet hier sein ehemaliges Wohnhaus, das heute Museum ist.

Designmuseo **2**

Korkeavuorenkatu 23, Tel. 09 622 05 40, www.designmuseum.fi, Juni–Aug. tgl. 11–18, sonst Di 11–20, Mi–So 11–18 Uhr, 10 €

Finnisches Design ist weltberühmt. Warum, das erfährt man im Design-Museum, das alle wichtigen Strömungen seit dem 19. Jh. zeigt.

Temppeliaukion kirkko (Felsenkirche) **3**

Lutherinkatu 3, Tel. 09 23 40 59 20, Juni-Aug. Mo–Sa 10–17, So 11.45–17, sonst nur bis 17 Uhr

Obwohl der moderne Bau etwas versteckt im Stadtteil Töölö liegt, zählt die Felsenkirche zu den meistbesuchten Sehenswürdigkeiten Helsinkis. Ihr Innenraum wurde in den Granit gesprengt, die Wände blieben unbehauen, das Tageslicht kommt durch 180 Fenster im

Helsinki

Flaniermeile mit Pariser Flair – Esplanade in Helsinki

kuppelförmigen Kupferdach hinein. Wegen der außergewöhnlich guten Akustik finden hier häufig Konzerte statt.

Luonnontieteellinen keskusmuseo (Naturhistorisches Museum) 4

Pohjoinen Rautatiekatu 13, Tel. 09 19 12 88 00, www.luomus.fi, Juni–Aug. Di–So 10–17, Do bis 19, sonst Di, Mi, Fr 9–16, Do 9–19, Sa/So 10–16 Uhr, 10 €
Die Dauerausstellungen des Naturhistorischen Museums zeigen die finnische Natur sowie die Entwicklung des Lebens auf der Erde. Sehenswert ist vor allem die Skelettsammlung mit mehreren Dinosaurierskeletten.

Sibelius-Monument 5

Der Sibelius-Park (Sibeliuksen puisto) im Stadtteil Taka-Töölö erhielt seinen Namen 1945 aus Anlass des 80. Geburtstags von Jean Sibelius. Obwohl er etwas außerhalb des Zentrums liegt, zählt er zu den meistbesuchten Sehenswürdigkeiten der Stadt. Die Natur erinnert wegen der Felsen und Birken ein wenig an Lappland, doch der Hauptanziehungspunkt ist das Sibelius-Monument für den bekanntesten finnischen Komponisten. Die senkrecht stehenden Orgelpfeifen aus Stahl stammen von der Bildhauerin Eila Hiltunen.

Seurasaaren ulkomuseo (Freilichtmuseum Seurasaari) 6

Nervanderinkatu 13, Tel. 09 405 01, www.nba.fi, Juni–Aug. tgl. 11–17, Mitte–Ende Mai und Anfang–Mitte Sept. Mo–Fr 9–15, Sa, So 11–17 Uhr, 8 €
Auf der Museumsinsel Seurasaari bekommt man einen guten Überblick über die ländliche Lebensweise in Finnland seit dem 18. Jh. Zu sehen sind in dem Freilichtmuseum knapp 100 Gebäude, hauptsächlich Bauernhäuser und alte

Helsinki

Sehenswert

1. Kaivopuisto-Park
2. Designmuseo
3. Felsenkirche (Temppeliaukion kirkko)
4. Naturhistorisches Museum (Luonnontieteellinen keskusmuseo)
5. Sibelius-Monument
6. Freilichtmuseum Seurasaari (Seurasaaren ulkomuseo)
7. Nationaloper (Suomen kansallisooppera)
8. Olympiastadion (Stadionin tulevaisuytyö)

Essen und Trinken

1. Šašlik
2. Kellarikrouvi
3. Zetor

Einkaufen

1. Design Forum
2. Kaufhaus Stockmann

Handwerksbetriebe, in denen teilweise noch gearbeitet wird. Ein ganz besonderes Erlebnis sind die Feiern zu Mittsommer mit Johannisfeuer, Tanz und Musik. Im Museumsladen gibt es hochwertige Souvenirs.

Finnisches Design ist wegen seiner klaren, auf das Wesentliche reduzierten Formen weltberühmt. Im Touristenbüro (s. S. 96) gibt es Infos zu verschiedenen **Design Walks.**

Töölönlahti (Töölö-Bucht)

Das Parkgelände rund um die Töölö-Bucht eignet sich für eine erholsame Pause im Grünen, hat aber auch einige Sehenswürdigkeiten zu bieten. Die **Finnische Nationaloper (Suomen kansallisooppera)** 7 ist ein imposantes Gebäude aus den 1990er-Jahren. Ein kleines Stück hinter dem Nordende der Bucht befindet sich das 1952 eingeweihte **Olympiastadion (Stadionin tulevaisuutyö)** 8. Vom Stadionturm hat man einen schönen Blick auf die Stadt. Nicht weit entfernt liegt der Wintergarten mit Gewächshäusern und Rosenbeeten. Auch ein Bummel entlang des Nordostufers ist lohnend, hier gibt es noch einige schöne alte Holzhäuser.

Essen und Trinken

Typisch russisch – **Šašlik** 1: Neitsytpolku 12, Tel. 09 74 25 55 00, www.asrestaurants.com, Mo–Sa 12–23 Uhr, im Juli Betriebsferien, ab 24 €. Der Klassiker unter den russischen Restaurants in Helsinki. Opulente, typisch russische Einrichtung, die Bedienung kommt in Tracht und fast jeden Abend gibt es – natürlich russische – Livemusik. Auf der Speisekarte findet man *Blini,* natürlich auch mit Kaviar, *Pelmeni* und Huhn à la Kiew. Wer es sich leisten kann – und wen deshalb kein schlechtes Gewissen plagt, der kann sich sogar ein Bärenfilet bestellen.
Fisch und Fleisch – **Kellarikrouvi** 2: Pohjoinen Makasiinikatu 6, Tel. 09 61 28 51 00, www.royalravintolat.com, Mo–Fr 11–24, Sa 16–24 Uhr, im Juli Betriebsferien, ab 19 €. Das Kellerrestaurant liegt zentral in der Nähe der Alten Markthalle. Dezente Beleuchtung, rohe Backsteinwände, viele Bilder und eine moderne Einrichtung sorgen für angenehmes Ambiente. Die Küche serviert finnische und internationale Gerichte – Hering, Lachs, Rentier.
Schrill und kultig – **Zetor** 3: Mannerheimintie 3–5, Tel. 010 766 44 50, www.ravintolazetor.fi, So, Mo 12–24, Di 12–3, Mi–Sa 12–4 Uhr, ab 19 €. Schwer zu sagen, ob das Zetor eher Bar, Kneipe, Restaurant oder Kuriositätenkabinett ist. Jedenfalls ist das von zwei Mitgliedern der Kultband Leningrad Cowboys gegründete Lokal mittlerweile eine Institution. Man sitzt zwischen alten Traktoren und kann sich an dem abgefahrenen Interieur (kaum) satt sehen. Zum dunklen Zetor-Bier gibt es ein edles Rentiersteak mit Preiselbeeren oder einen rustikalen Saunakübel voll mit Kartoffelpüree, Wurst und Gurken.

Einkaufen

Die wichtigsten Einkaufsstraßen im Zentrum sind Aleksanterinkatu, Esplanade und Mannerheimintie.
Typisch finnisch – **Design Forum** 1: Erottajankatu 7, www.designforum.fi, Mo–Fr 12–18, Sa, So 12–16 Uhr. Ausstellung und Verkauf von Designartikeln.
Das größte Kaufhaus Finnlands – **Stockmann** 2: Aleksanterinkatu 52. Das Haupthaus der 1862 gegründeten Warenhauskette spielt in einer Liga mit Konsumtempeln wie dem Londoner Kaufhaus Harrods' oder dem Berliner KaDeWe. ▷ S. 96

9 | Architektur monumental und modern – Helsinki

Karte: ▶ H 2 | **Dauer:** mind. 4–6 Std.

»Die Finnen, das ist ein Volk, das in zwei Sprachen schweigt«, hat einst Bertolt Brecht festgestellt. Doch keine Angst, Helsinki gibt sich mit seinem quirligen Markt, den gut besuchten Biergärten und vollen Kneipen weltoffen. Vielleicht liegt es aber auch einfach an den langen Tagen zu Mittsommer, dass die Finnen ihre Zurückhaltung ablegen.

Trotz schicker Flaniermeilen und imposanter Bauten besitzt die finnische Hauptstadt den Charme einer Kleinstadt. Verlaufen kann man sich kaum und die Wege zwischen den Sehenswürdigkeiten sind kurz.

Snack in der Markthalle

Auf dem Marktplatz **Kauppatori** 1 drängeln sich vom frühen Morgen bis in den Abend Touristen und Einheimische zwischen Obst- und Gemüsebergen, Souvenir- und Imbissständen. Hier ist Helsinki nicht nordisch-unterkühlt sondern fast mediterran. Viele Marktstände bieten im Sommer frische Erbsenschoten bergeweise an – ein gesunder Snack für zwischendurch. Kaufen Sie sich eine Tüte Schoten, setzen sich auf die Kaimauer, schauen auf die riesigen Fähren, genießen die sommerliche Wärme und pulen das zuckersüße Gemüse in aller Ruhe aus der Schale.

Ein kleiner Abstecher vom Kauppatori führt zur alten Markthalle **Wanha Kauppahalli** 2. Mehr als 100 Jahre hat die älteste Markthalle des Landes auf dem Buckel, doch nach einer Komplettsanierung präsentiert sie sich wie neu. Oft nur im Zeitlupentempo schiebt man sich wegen der Fülle durch die engen Gänge und hat dabei Zeit, das Angebot an Lachs, Rentierschinken oder finnischer Konfitüre in Augenschein zu nehmen. Wie wäre es mit einer frischen Pirogge und einer Tasse Kaffee?

Goldene Zwiebeltürme

Wenige Schritte vom Markt, aber schon auf der Halbinsel Katajanokka, thront die **Uspenski-Kathedrale** 3 aus rotem Backstein auf einem kleinen Hügel. Sie ist die größte russisch-orthodoxe Kirche Nordeuropas und besitzt neben zahlreichen goldenen Zwiebeltürmen ein prunkvolles Interieur. Der Weg über die Treppen zur Kathedrale lohnt aber auch noch wegen des Ausblicks, denn fast das gesamte Zentrum Helsinkis und der Hafen liegen einem zu Füßen. Und über allem thront das Wahrzeichen der Stadt, der schneeweiße Dom mit seiner großen grünen Kuppel.

Von der Esplanade zum Dom

Doch das nächste Ziel ist der **Brunnen Havis Amanda** 4, der Meerjungfrau, am Ende des Marktplatzes. Hier beginnt die Esplanade, ein kleiner Park, der sich bis zum Schwedischen Theater erstreckt. Auf der Freilichtbühne spielt jeden Nachmittag mindestens eine Band und die Bänke im Park sind ein beliebter Platz für eine Mittagspause. Rund um die Esplanade gibt es edle Boutiquen, nicht weit sind auch das Kaufhaus **Stockmann** (s. S. 91) auf der Mannerheimintie sowie die Akademische Buchhandlung gegenüber vom Schwedischen Theater. Das **Schwedische Theater** 5 (schwed. Svenska Teatern, finn. Ruotsalainen teatteri) ist das älteste Theater der Stadt und führt Stücke auf Schwedisch auf. Das Äußere ist recht schmucklos, doch das Innere prunkt in Rot und Gold.

Ein Ensemble aus einem Guss

Am **Senatsplatz** wird besonders deutlich, dass große Teile Helsinkis zur gleichen Zeit entstanden sind. Gegründet wurde die Stadt schon 1550 auf Befehl des schwedischen Königs Gustav Vasa, doch 1808 legte ein Großbrand fast alle Häuser der Stadt in Schutt und Asche. Das kam dem russischen Zaren Alexander I. gerade recht, er machte Helsinki zur neuen Hauptstadt und ließ sie unter Leitung des Architekten Carl Ludwig Engel mit schnurgeraden Straßen und großen Plätzen neu aufbauen.

Vom Senatsplatz führt eine breite Freitreppe hinauf zum **Dom** 6 (Tuomiokirkko). Die 1852 fertiggestellte Kreuzkuppelkirche wurde von Engel in Anlehnung an die orthodoxe Architektur Russlands entworfen. Vor allem von der Isaakskathedrale in St. Petersburg ließ er sich inspirieren. Der äußere Eindruck wird von der großen zentralen Kuppel und den korinthischen Säulen dominiert, der Innenraum ist schlicht.

Machen Sie es nun wie alle und setzen Sie sich auf eine der obersten Stufen und genießen die Sonne und den Blick auf Helsinkis Prachtbauten. Mitten auf dem Senatsplatz fällt sofort das **Standbild** von **Zar Alexander II.** ins Auge, zu unserer Rechten liegt die **Universität** 7, zur Linken das **Regierungspalais** 8 (Valtioneuvoston linna). An der Südostecke des Domplatzes steht das relativ unauffällige, 1757 erbaute **Sederholm-Haus** 9 (Sederholmin talo), das älteste Steingebäude der Stadt, das die Feuersbrunst und die Neubebauung überstanden hat. Wer sich näher über die mittlerweile mehr als 450-jährige Geschichte Helsinkis informieren möchte, kann dies im nahen **Stadtmuseum** 10 (Helsingin kaupunginmuseo) tun.

Nationalgalerie

Auf dem Weg zum Bahnhof sollten Kunstliebhaber Finnlands Nationalgalerie **Ateneum** 11 besuchen. Schon das 1887 errichtete Gebäude ist einen näheren Blick wert. Es ist eines der bedeutendsten Beispiele der Neorenaissance-Architektur in Finnland mit einer

Finnland, Schweden, Dänemark

Zeitgenössische Kunst drinnen und draußen: Kiasma

von Skulpturen und Reliefs geschmückten Fassade. Die drei Büsten über dem Eingang zeigen den Architekten Bramante, den Maler Raffael und den Bildhauer Phidias. In der Ausstellung sind alle bekannten finnischen Künstler von 1700 bis zur Gegenwart vertreten, aber auch die internationale Sammlung ist mit Werken von Gauguin, Munch, Chagall und vielen weiteren sehenswert.

Architektur – monumental oder modern

Schräg gegenüber sieht man den **Bahnhof** [12] (Rautatieasema), der ebenfalls zu den Sehenswürdigkeiten Helsinkis zählt. Das streng anmutende Gebäude ist das Hauptwerk des bekannten finnischen Architekten Saarinen. 1906 begonnen, markiert es den Übergang von der Nationalromantik zur Neuen Sachlichkeit. Die Fassade ist aus finnischem Granit, ins Auge fallen der Uhrturm und die Statuen von Emil Wikström neben dem Haupteingang.

Wenn Sie nun in die breite Mannerheimintie einbiegen, kommen Sie zu weiteren sehenswerten Museen und Gebäuden. Gleich rechts fällt das Museum für zeitgenössische Kunst **Kiasma** [13] wegen seiner ungewöhnlichen Form auf. Der Bau besteht aus vier Etagen mit überlappenden, runden Galerien, die Fassade aus poliertem Aluminium und Glas, das Dach aus Zink. Nach zum Teil heftigen Protesten 1998 eröffnet, zeigt es Kunst ab den 1960er-Jahren, u.a. Installationen und Medienkunst. Das konventionelle Reiterstandbild des ersten finnischen Präsidenten und Nationalhelden Mannerheim vor dem Museum bildet einen starken Kontrast zu der modernen Fassade.

Im **Reichstagsgebäude** [14] (Eduskuntatalo), einem monumentalen, neoklassizistischen Bau aus rötlichem Granit, tagt das finnische Parlament. Die Front zur Straße bilden 14 gewaltige Säulen mit korinthischen Kapitellen. Denkmäler zeigen drei finnische Präsidenten. 1926–31 gebaut, symbolisiert der Reichstag die neu gewonnene finnische nationale Eigenständigkeit. Das Innere ist überwiegend klassizistisch, trägt aber auch Züge des Funktionalismus und Art Déco.

Ähnlich monumental wirkt das nur wenige Schritte entfernte **Nationalmuseum** [15] (Suomen kansallismuseo), dessen Dauerausstellungen die finnische Geschichte von den Anfängen bis zur Gegenwart beleuchten. Der Jugendstilbau wurde 1910 nach den Plänen des Architektentrios Gesellius, Lindgren und Saarinen fertiggestellt.

Auf den Spuren Alvar Aaltos

Ein Spaziergang durch die Architektur Helsinkis wäre unvollständig ohne ein Werk des berühmtesten finnländischen Architekten und Designers: Alvar Aalto. Von ihm stammt die im Jahre 1971 fertiggestellte **Finlandia-Halle 16**. Das Konzert- und Kongressgebäude ist funktionell-nüchtern und besticht durch klare Formen. Die Halle ist mit weißem Carrara-Marmor verkleidet, der Kontrast zum Reichstag und Naturhistorischem Museum könnte kaum größer sein.

Infos
Marktplatz Kauppatori 1: Südhafen, Mo–Fr 6.30–18, Sa 6.30–16 Uhr, Mai–Sept. auch So 10–17 Uhr.
Alte Markthalle (Wanha kauppahalli) 2: Eteläranta, www.wanhakauppahalli.com, Mo-Sa 8–18 Uhr.
Uspenski-Kathedrale 3: Kanavakatu 1, Mai–Sept. Mo–Fr 9.30–16, Sa 9.30–14, So 12–15 Uhr, sonst Di–Fr 9.30–16, Sa 9.30–14, So 12–15 Uhr.
Dom 6: Unioninkatu 29, Juni–Aug. tgl. 9–24, sonst 9–18 Uhr.
Stadtmuseum 10: Sofiankatu 4, Tel. 09 31 03 66 30, Mo–Mi 9–17, Sa, So 11–17 Uhr.
Ateneum 11: Kaivokatu 2, Tel. 09 17 33 61, www.ateneum.fi, Di, Fr 10–18, Mi, Do 10–20, Sa, So 10–17 Uhr, 13 €.
Kiasma 13: Mannerheiminaukio 2, Tel. 09 17 33 65 01, www.kiasma.fi, Di 10–17, Mi–Fr 10–20.30, Sa, So 10–17 Uhr, 10 €.
Reichstag 14: Führungen (Finnisch, Schwedisch und Englisch): Sa 11 und 12.30 Uhr, Juli–Aug. Mo–Fr 11 Uhr, Eintritt frei.
Finnisches Nationalmuseum (Suomen kansallismuseo) 15: Mannerheimintie 34, Tel. 09 40 50 95 44, Di–So 11–18 Uhr, www.nba.fi/fi/kansallismuseo, 9 €.

Eine Stadtrundfahrt per Tram
Beginnen Sie Ihren Helsinki-Aufenthalt am besten mit einer Stadtrundfahrt. Vergessen Sie die organisierten Sightseeing-Angebote und steigen einfach am Marktplatz in die **Straßenbahnlinie Nr. 3**, um sich auf Schmalspurschienen in gemächlichem Tempo rumpelnd durch die Stadt kutschieren zu lassen. Für einen ersten Eindruck ist diese Tour perfekt und nach rund einer Stunde sind Sie wieder am Ausgangspunkt. Nun können Sie in aller Ruhe Helsinki zu Fuß erkunden.

Finnland, Schweden, Dänemark

Infos und Termine

Tourist-Information: Pohjoiseplanadi 19, Tel. 09 31 01 33 00, Mitte Mai–Mitte Sept. Mo–Fr 9–20, Sa, So 9–18, sonst Mo–Fr 9–18, Sa, So 10–16 Uhr, www.visithelsinki.fi. Wer sich für Stadtarchitektur interessiert, bekommt im Touristenbüro einen Prospekt mit verschiedenen Stadtwanderrouten.

Die **Helsinki Card** gewährt freien Eintritt in Museen und Sehenswürdigkeiten, uneingeschränkte Fahrt mit öffentlichen Verkehrsmitteln und zur Festung Suomenlinna sowie eine freie Audio-City-Tour (24 Std. 41 €, 48 Std. 51 €, 72 Std. 61 €).

Kreuzfahrtterminal: Kreuzfahrtschiffe nutzen in Helsinki verschiedene Häfen. Der Südhafen liegt dicht beim Zentrum, in rund 15 Min. ist man zu Fuß am Marktplatz. Hernesaari Pier im Westhafen liegt ca. 3 km von Zentrum entfernt, von hier fährt Bus Nr. 16. Verkehrsverbindungen im Internet: https://www.hsl.fi/en/timetables-and-routes/metro-and-tram-routes)

In der Umgebung

Suomenlinna

Die Seefestung Suomenlinna, die man schon bei der Anreise erblickt, wurde Mitte des 18. Jh. zum Schutz vor Russland erbaut, rund 50 Jahre später von den Russen fast kampflos erobert und fortan als Bollwerk gegen den Westen genutzt. Heute sind auf den sechs Schäreninseln vor der finnischen Hauptstadt zwar noch zahlreiche Kanonen und Festungswälle zu sehen, doch das Militär spielt kaum noch eine Rolle. Stattdessen kommen die Touristen in Scharen und machen das ›Gibraltar des Nordens‹, das zum Weltkulturerbe zählt, zu einer der meistbesuchten Sehenswürdigkeiten Helsinkis. Vom Marktplatz gibt es eine regelmäßige Bootsverbindung, die Besucher in rund 20 Min. nach Suomenlinna bringt. Heute leben auf den Inseln rund 850 Menschen, darunter viele Künstler, in einer friedlichen, grünen Idylle. Nehmen Sie sich einige Stunden Zeit für den Ausflug, um durch die mit Kopfstein gepflasterten Gassen zu schlendern oder kleine Parks und idyllische Plätze zu erkunden. Zahlreiche felsige Buchten und selbst ein kleiner Sandstrand warten auf Sie. Außerdem können Sie das Suomenlinna-Museum (www.suomenlinna.fi, Mai–Sept. tgl. 10–18, sonst 10.30–16.30 Uhr, 6,50 €), das Spielzeugmuseum und das U-Boot Vesikko aus dem Zweiten Weltkrieg besichtigen.

Stockholm/Nynäshamn

▶ E 3, Cityplan S. 100

Mit rund 850 000 Einwohnern ist Stockholm die größte Stadt Skandinaviens, im Großraum Stockholm leben sogar mehr als zwei Millionen Menschen. Die Innenstadt ist auf mehr als einem Dutzend Inseln angesiedelt. Mitten in der Stadt trennt eine kaum sichtbare Schleuse, **Slussen,** das Süßwasser des Mälarsees, der sich rund 120 km nach Westen ins Landesinnere erstreckt, vom Salzwasser der östlich gelegenen Ostsee. Als Gründer der Stadt gilt Birger Jarl, der 1247 die Herrschaft über das Mälartal erlangte und eine Festung bauen ließ. Die Stadt profitierte anfangs vor allem wegen ihrer günstigen Lage, denn nur an dieser Stelle gab es einen Weg von der Ostsee über den Mälarsee ins Landesinnere. Als schwedische Hauptstadt ist Stockholm Sitz des Staatsoberhaupts im Königlichen Schloss, des Parlaments und der Regierung, es ist aber auch kulturelles

Stockholm

Zentrum und Bischofssitz. Besucher finden in Stockholm eine Vielzahl hochkarätiger Museen und Sehenswürdigkeiten, erstklassige Restaurants sowie vielfältige Shoppingmöglichkeiten, u. a. in der malerischen Altstadt **Gamla stan** (direkt 10 S. 102).

Zahlreiche Museen, darunter das älteste Freilichtmuseum der Welt, liegen auf der grünen Insel **Djurgården,** zugleich ein wichtiges citynahes Naherholungsgebiet. Einst war Djurgården königliches Jagdrevier, dann zog es die Reichen hierher, und ihre prächtigen Holzvillen liegen noch heute versteckt in den dichten Eichenwäldern der Insel.

Machen Sie unbedingt eine Fahrt mit der Stockholmer **Tunnelbana!** Die U–Bahn ist nicht nur ein schnelles Transportmittel, sie ist auch die längste Galerie der Welt, denn fast alle der 100 Bahnhöfe sind von Künstlern gestaltet worden. Höhepunkt der unterirdischen Kunstreise ist die blaue Linie von Kungsträdgården nach Akalla und Hjulsta. Auf dieser Linie ist beinahe jede Station ein überraschendes und faszinierendes Kunstwerk – willkommene Abwechslung in der Monotonie öffentlicher Verkehrsmittel.

Nationalmuseum [1]

Wegen umfangreicher Baumaßnahmen voraussichtlich bis 2017 geschl.
Schwedens umfangreichstes Kunstmuseum liegt genau gegenüber dem Schloss. Im Historismus der Mitte des 19. Jh. wurde es nach Plänen von Friedrich August Stüler errichtet, der auch das Neue Museum in Berlin entworfen hat. Das schwedische Nationalmuseum zeigt Werke vom Mittelalter bis zur Gegenwart, von Rembrandt und Rubens bis zu den französischen Impressionisten, aber auch skandinavisches Design. Während der Renovierungsarbeiten sind Teile der Sammlung in der Konstakademien (Fredsgatan 12) und im Kulturhuset (Sergels torg) zu besichtigen.

Strindbergsmuseet [2]

Drottninggatan 85, Tel. 084 11 53 54, Sept.–Juni Di–So 12–16, Juli/Aug.

Musik ist Trumpf bei der Wachablösung vor dem Stockholmer Schloss

Finnland, Schweden, Dänemark

Prunk, vom Meeresboden gerettet – die Vasa aus dem Jahr 1628

10–16 Uhr, 75 SEK, www.strindbergs museet.se
Die letzten vier Jahre seines Lebens verbrachte August Strindberg in einer Wohnung im obersten Stock des Hauses Blå tornet (›Der Blaue Turm‹). Die Wohnung ist heute noch wie zur Zeit seines Todes eingerichtet und als Museum zugänglich.

Fotografiska 3
Stadsgårdshamnen 22, www.fotografiska.eu, tgl. 9–23 Uhr, SEK 120
Das Museum für Fotografie ist eine der neuesten Attraktionen Stockholms. Es zeigt wechselnde hochkarätige Ausstellungen. Vom obersten Stockwerk hat man einen hervorragenden Blick auf die Stadt.

Vasamuseet 4
Galärvarvet, Tel. 08 51 95 48 00, www.vasamuseet.se, Juni–Aug. tgl. 8.30–18, sonst tgl. 10–17, Mi bis 20 Uhr, 130 SEK
Das auf seiner Jungfernfahrt gesunkene Kriegsschiff Vasa ist ein grandios gescheitertes Experiment der Schiffsbaukunst. Als es 1628 vom Stapel lief, sollte es das Furcht einflößende Flaggschiff der Flotte werden. 1000 Eichen mussten für das Schiff gefällt werden, sein Rumpf war mit aufwendigen Schnitzereien verziert, in seinem Bauch warteten 50 Kanonen auf ihren Einsatz. Doch dazu sollte es nicht kommen, denn nach nur gut einem Kilometer legte sich die Vasa auf die Seite und sank mit gehissten Segeln. Heute weiß man, dass das Schiff wegen der mächtigen Aufbauten zu instabil war und es so kommen musste. Erst nach 333 Jahren auf dem Meeresgrund konnte die Vasa geborgen werden. Dann dauerte es noch Jahre, bis das Puzzle wieder zusammengesetzt und der Rumpf konserviert war. Seitdem steht der dunkle Eichenrumpf im Vasamuseum und beeindruckt jeden Besucher mit seinem üppigen Dekor. Das gesamte Schiff wurde so gut rekonstruiert, dass es bereit zum Segelsetzen und Auslaufen scheint – aber das war ja schon früher nicht seine Stärke!

Stockholm

Skansen [5]
Djurgårdsslätten 49–51, Tel. 084 42 80 00, www.skansen.se, Mittsommer–Ende Aug. tgl. 10–20, sonst kürzer, 100–180 SEK (je nach Jahreszeit)
Das älteste Freilichtmuseum der Welt beherbergt über 100 Gebäude aus verschiedenen Epochen und Landesteilen Schwedens von Lappland bis Skåne. In einem hier wieder aufgebauten alten Stockholmer Stadtviertel fühlt man sich ins 18. und 19. Jh. zurückversetzt. Besonders interessant ist der Rundgang, wenn die alten Werkstätten wie Buchbinderei, Druckerei oder Bäckerei arbeiten. Die meisten Gebäude spiegeln die regional sehr unterschiedliche bäuerliche Wohnkultur wider. Sehr stimmungsvoll und traditionell werden die schwedischen Feste wie die Walpurgisnacht, der Nationalfeiertagam 6.Juni, Mittsommer, Lucia am 13. Dezember, Weihnachten und Silvester in Skansen gefeiert. In einem kleinen Tierpark kann man Vertreter der nordischen Fauna wie Bär, Elch und Ren in natura sehen.

Prins Eugens Waldemarsudde [6]
Prins Eugens väg 6, Tel. 08 54 58 37 00, www.waldemarsudde.se, Di–So 11–17, Do 11–20 Uhr, 120 SEK
Prinz Eugen (1865–1947) ist nicht nur in Schweden als hervorragender Landschaftsmaler und Kunstsammler bekannt. Der jüngste Sohn von König Oskar II. kaufte viele Werke junger Künstler auf und trug auf diese Weise zu den bedeutendsten Sammlungen schwedischer Malerei von der Wende vom 19. zum 20. Jh. zusammen. Auf der Landzunge Waldemarsudde an der Südseite von Djurgården hatte er seit 1905 sein Domizil. Heute sind im gepflegten Park direkt am Wasser zahlreiche Werke seiner Künstlerfreunde zu bewundern, zu denen die bedeutendsten Bildhauer seiner Zeit gehörten. Die Wände der herrschaftlichen, noch originalgetreu eingerichteten Villa schmücken u. a. Prinz Eugens eigene Werke.

> Wer mit der **Djurgården-Fähre** von Slussen nach Djurgården übersetzt, dem bietet sich eine schöne Gelegenheit, Stockholm vom Wasser aus zu erleben. Zwischenstopp auf dem Weg zum Vasamuseet und nach Gröna Lund ist die Insel Skeppsholmen, auf der sich weitere interessante Museen befinden.

Gröna Lund [7]
Lilla allmänna gränd 9, Tel. 08 58 75 01 00, www.gronalund.com, Ende April–Mitte Sept., im Sommer in der Regel 11–23 Uhr geöffnet, 110 SEK
Gröna Lund liegt auf Djurgården direkt am Wasser. Seit der Eröffnung 1883 ist es einer der beliebtesten Vergnügungsparks Skandinaviens mit Achterbahn, Karussell, Riesenrad und Geisterbahn. Auf der Freilichtbühne treten häufig bekannte Künstler auf.

Essen und Trinken
Geschmackssache – **Smak på Restaurangen** [1]: Oxtorgsgatan 14, Tel. 08 22 09 52, www.restaurangentm.com, Mo–Do 11.30–14 und 17–24, Fr 11.30–14 und 17–1, Sa 17–1 Uhr, drei Gänge 400 SEK. Hier wählt man sein Essen nach der Geschmacksrichtung aus. Zur Auswahl stehen drei, fünf oder sieben kleine Gerichte in Geschmacksrichtungen wie Koriander, Trüffel, Basilikum oder Zitonengras.

Crossover – **Rolfs Kök** [2]: Tegnérgatan 41, Tel. 08 10 16 96, www.rolfskok.se, Mo–Fr 11.30–1, Sa/So 17–1 Uhr, Lunch ab 139 SEK, Dinner um 250 SEK. Die minimalistische Designer-Einrichtung und die offene Schauküche geben

den Rahmen für die gelungene Verbindung von schwedischer und mediterraner Küche.

Traditionell – **Wärdshuset Ulla Winbladh** 3: Rosendalsvägen 8, Tel. 08 53 48 97 01, www.ullawinbladh.se, Mo 11.30–22, Di–Fr 11.30–23, Sa 12.30–23, So 12.30–22 Uhr, ab 195 SEK. Lust auf Hering à la Bellmann oder Fleischbällchen mit Sahnesauce, Preiselbeeren und Gurke im Grünen? Dann ist Ullas Gasthaus auf Djurgården das Richtige, denn hier gibt es noch die typisch schwedische Hausmannskost.

Die Fischspezialisten – **Sturehof** 4: Stureplan 2, Tel. 08 440 57 30, www.sturehof.com, Mo–Fr 11–2, Sa, So 12–2 Uhr, ab 145 SEK. Schon seit Langem

Stockholm

Sehenswert
1. Nationalmuseum
2. Strindbergsmuseet
3. Fotografiska
4. Vasamuseet
5. Skansen
6. Prins Eugens Waldemarsudde
7. Gröna Lund
8. Rathaus (Stadshuset)
9. – 15 s. S. 105

Essen und Trinken
1. Smak på Restaurangen
2. Rolfs Kök
3. Wärdshuset Ulla Winbladh
4. Sturehof
5. Lasse i Parken
6. Sturekatten
7. s. S. 105

Einkaufen
1. Konsthantverkarna
2. Svenskt Tenn
3. Hötorgshallen
4. Östermalms saluhall
5. s. S. 105

eines der beliebtesten Stockholmer Restaurants. Die moderne Designer-Einrichtung und eine Speisekarte mit Schwerpunkt auf Fisch und Meeresfrüchten von Hering bis Hummer überzeugen.

Grün und gemütlich – **Lasse i Parken** 5: Högalidsgatan 56, Tel. 086 69 04 20, 08 658 33 95, www.lasseiparken.se, im Sommer tgl. 11/17.30–23 Uhr, ab 175 SEK. Das kleine rote, typisch schwedische Holzhaus mit großer Terrasse liegt mitten in einer grünen Oase im Stadtteil Södermalm. Wochentags wird günstiger Lunch angeboten, auch für Kaffee und Kuchen eine gute Wahl.

Nostalgisches Café – **Sturekatten** 6: Riddargatan 4, Tel. 08 611 ▷ S. 106

10 | Vom Rathaus durch die City zum Schloss – Stockholm

Karte: ▶ E 3 | **Dauer:** 1 Tag

Auf 14 Inseln, die mit mehr als 50 Brücken verbunden sind, breitet sich Stockholm aus. Früher, als die Stadt nur aus dem historischen Kern Gamla stan bestand, war die strategisch günstige Lage zwischen Ostsee und Mälarsee wichtig. Heute punktet Stockholm vor allem wegen der Nähe zum Wasser und viel Grün.

Das Wahrzeichen Stockholms ist sein **Rathaus** 8 (Stadshuset). Es liegt auf der Insel Kungsholmen und eignet sich gut als Ausgangspunkt für die Erkundung der schwedischen Hauptstadt. Schon aus der Ferne ist es an seinem Turm aus rotem Backstein auszumachen, den die drei goldenen Kronen des Staatswappens krönen. Der Architekt Ragnar Östberg, der das Rathaus Anfang des 20. Jh. entwarf, ließ sich von den Palästen Venedigs inspirieren. Auch wenn es ihm nicht ganz gelungen ist, die venezianische Leichtigkeit zu kopieren, erinnern die Arkadenreihe und die Lage am Wasser tatsächlich ein wenig an die Lagunenstadt.

Die Stadt auf dem Wasser

Wichtigstes Ereignis im Stadshuset ist die alljährliche Nobelpreisverleihung. Nach dem Festbankett in der **Blauen Halle** mit 1000 Gästen, unter ihnen auch das Königspaar und die Preisträger, geht es zum Tanz in den Goldenen Saal. Den Rest des Jahres dürfen sich Besucher die Blaue Halle und den **Goldenen Saal** mit seinen 18 Mio. goldfarbenen Mosaiksteinchen anschauen.

Versäumen Sie nicht, den 106 m hohen **Turm** des Rathauses zu erklimmen, auch wenn es nur bis zur halben Höhe mit dem Fahrstuhl geht. Aus luftiger Höhe blickt man direkt auf die historische Altstadt Gamla stan, erkennt aber auch, dass Stockholm auf mehreren Inseln – insgesamt sind es 14 – erbaut wurde. Aus dieser Perspektive wirkt die Großstadt harmonisch in die Landschaft eingebettet. Die Inseln und Halbinseln schieben sich zwischen das Blau des Wassers und sind mit dem Grün der Parks und Wälder gesprenkelt. Festland, Inseln und Wasser bilden ein unentwirrbares Labyrinth. Ausflugsboote und Schärendampfer durchpflügen die verwinkelten Wasserwege des Mälarsees auf der einen und der Ostsee auf der anderen Seite.

Im Herzen der Großstadt

Nördlich vom Stadshuset liegt der Stadtteil Norrmalm-City. Das Herz des modernen Stockholm schlägt am **Kungsträdgården** 9. Rund um diesen Platz gibt es alles, was das Herz begehrt: Restaurants und Cafés, Boutiquen, Kaufhäuser, Theater und Kinos. Der Platz selbst, mit Springbrunnen, Bänken und Schatten spendenden Bäumen, ist ein Treffpunkt für Jung und Alt und an warmen Sommertagen herrscht oft geradezu mediterrane Stimmung. Rundum residieren Kommerz und Politik. Aber auch die Kultur kommt nicht zu kurz, wie der prunkvolle historische Bau der **Oper** 10 (Operahuset) und einige Straßen weiter, im angrenzenden Stadtteil Östermalm, das Schauspielhaus **Dramaten** 11 (Kungliga Dramatiska Teatern) mit seiner goldglänzenden Jugendstilfassade beweisen.

Bevor Sie die geschäftige Einkaufsstraße Hamngatan zum wichtigsten Verkehrsknotenpunkt in Norrmalm, weiterschlendern, sollten Sie noch einen Blick in Schwedens traditionsreichstes Kaufhaus, **Nordiska Kompaniet (NK)** 5, werfen, das 1915 nach amerikanischem Vorbild erbaut wurde. Der Großstadtplatz **Sergels Torg** war, als er in den 1960er-Jahren entstand, das Nonplusultra an Modernität: Um den Brunnen mit dem gläsernen Obelisken in der Mitte braust der Verkehr, am Rand des Platzes sorgt das in einem Glasbau untergebrachte städtische Kulturzentrum **Kulturhuset** 12 mit Stadttheater, Ausstellungsräumen und mehreren Cafés für Zerstreuung.

Ein seltener Gast im Schloss

Nicht zu übersehen auf der Insel Stadsholmen ist das **Schloss** 13 (Kungliga Slottet), ein vierflügeliger Bau mit quadratischem Innenhof und 600 Zimmern. Errichtet wurde es zwischen 1690 und 1750 nach Plänen des berühmten Nicodemus Tessin. Hier haben seitdem alle schwedischen Könige gewohnt, auch König Carl XVI. Gustaf, der sich allerdings Anfang der 1980er-Jahre mit seiner Familie in dem viel schöner gelegenen Schloss Drottningholm einquartierte. Heute haben er und einige Mitglieder der königlichen Familie nur noch ihre Büros im Schloss.

Doch können Teile des Gebäudes besichtigt werden, wie das Antikenmuseum Gustavs III., die Schatzkammer, das Schlossmuseum Tre Kronor und die

Übrigens: Der Blick von oben auf Stockholm lohnt sich. Denn erst aus der Vogelperspektive wird klar, dass sich Stockholm zu Recht ›Venedig des Nordens‹ oder ›Stadt auf dem Wasser‹ nennen darf. Man glaubt sofort, dass das Stadtgebiet zu einem Drittel aus Wäldern und zu einem weiteren Drittel aus Wasserflächen besteht.

Finnland, Schweden, Dänemark

Königliche Rüstkammer. Wer wenig Zeit hat, beschränkt sich auf die **Schatzkammer** mit den Kronjuwelen und die **Rüstkammer** mit Festroben und Rüstungen der schwedischen Könige. Das Schlossmuseum **Tre Kronor** beleuchtet die Geschichte des Schlosses und zeigt interessante Funde aus dem bei einem Brand zerstörten Vorgängerbau, der Vasa-Burg Tre Kronor. Eine besondere Attraktion mit vielen Zuschauern ist die **Wachablösung,** die in historischen Uniformen, militärischer Exaktheit und mit Musik im Schlosshof zelebriert wird (Sommer Mo–Sa 12.15, So 13.15 Uhr).

Oberhalb vom Schloss erhebt sich die **Storkyrkan** 14, der Stockholmer Dom. Die Kirche, einst im Stil der Backsteingotik erbaut, zeigt sich heute nach zahlreichen Umbauten barockisiert. In ihr werden die schwedischen Könige gekrönt und hier heiraten sie. Deshalb besitzt die Kirche eine besonders reiche Innenausstattung. Auch der Lübecker Meister Bernt Notke hat 1489 einen Beitrag dazu geleistet. Seine Skulpturengruppe des hl. Georg mit dem Drachen und Jungfrau entstand im Auftrag des siegreichen Feldherrn Sten Sture, der Stockholm vor einer Belagerung durch die Dänen gerettet hatte.

Stockholms historischer Mittelpunkt: Gamla stan

Gamla stan zählt zu den schönsten historischen Altstädten Europas und lässt sich großteils nur zu Fuß entdecken. Die Touristen kommen in Scharen wegen der malerischen, verwinkelten Gassen mit vielen Geschäften und Restaurants, aber auch wegen der imposanten Prunkbauten. Nur wenige Schritte von Schloss und Storkyrkan kommen Sie zum **Stortorget,** dem Mittelpunkt von Gamla stan und einstigen Marktplatz. Heute bevölkern Touristen den Platz, machen auf den Bänken eine Pause und schauen sich die schmalen Bürgerhäuser mit den stattlichen Renaissancefronten und die ehemalige **Börse** 15 mit ihrer klassizistischen Säulenfassade an. In dem Gebäude wurde das **Nobelmuseet** eingerichtet, das die Geschichte des Nobelpreises und seiner Preisträger erzählt. Schlendern Sie noch ein wenig auf der Suche nach Antiquitäten-, Souvenir- oder Kuriositätenläden durch die Köpmangatan, die Västerlånggatan und die Österlånggatan. Versäumen Sie nicht, die oft nur handtuchbreiten Gassen, die besonders zahlreich von der Österlånggatan abgehen, näher in Augenschein zu nehmen.

Infos

Rathaus 8: Hantverkargatan 1, www.stockholm.se/stadshuset. Das Stockholmer Rathaus kann nur im Rahmen von Führungen (ca. 45 Min.) besucht werden, im Sommer tgl. stdl. 10–15 Uhr, in Englisch, April–Okt. 100 SEK, sonst 70 SEK. Turmbesteigung (zeitlich begrenzt) Juni–Aug. tgl. 9.15–17, Mai, Sept. 9.15–16 Uhr, 40 SEK.

Königliches Schloss 13: www.kungahuset.se, Mitte Mai–Mitte Sept. tgl. 10–17, sonst bis 16 Uhr, inkl. 45-minütige Führung, Kombiticket für Schloss und Museen 150 SEK.

Rüstkammer: www.livrustkammaren.se, Juli–Mitte Aug. tgl. 10–18 Uhr, 100 SEK, sonst Di–Mi, Fr–So 11–17, Do 11–20 Uhr.

Storkyrkan (Dom) 14: Trångsund 1, www.stockholmsdomkyrkoforsamling.se, Juli, Aug. Mo–Sa 9–18, So 9–16, sonst tgl. 9–16 Uhr, 40 SEK.

Nobelmuseet 15: Stortorget, www.nobelmuseum.se, Juni–Aug. tgl. 10–20, sonst Mi–So 11–17, Di bis 20 Uhr, 100 SEK.

10 | Stockholm

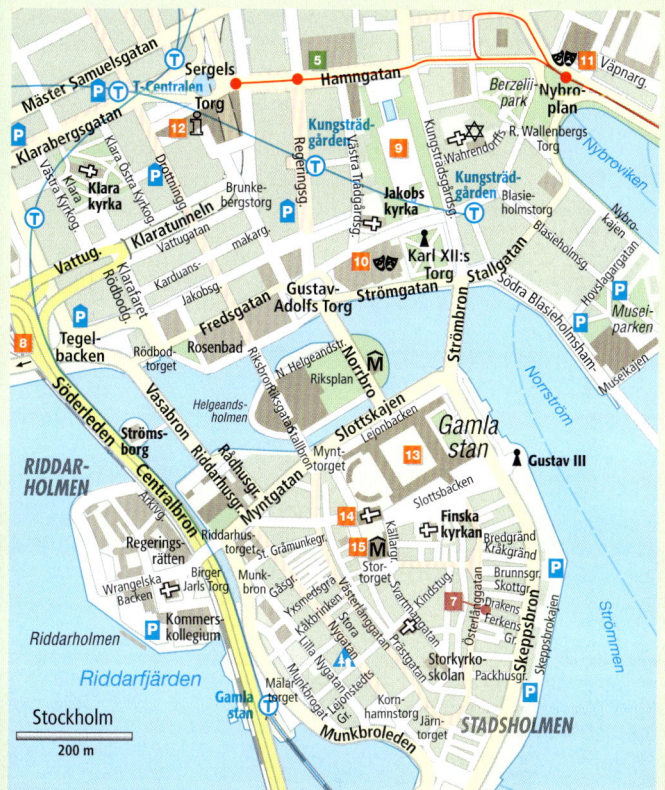

Speisen in historischem Rahmen

In der Altstadt liegen die ältesten Wirtshäuser Stockholms. Das 1722 eröffnete Restaurant **Den Gyldene Freden** 7 (Österlånggatan 51, Tel. 08 24 97 60, www.gyldenefreden.se, Mo–Fr 11.30–14.30 und 17–23, Sa 13–23 Uhr) gehört der Schwedischen Akademie und jeden Donnerstag treffen sich einige Mitglieder hier zum Stammtisch. Leider plaudern sie hinter verschlossenen Türen, sonst wüsste man, wer gerade für den nächsten Nobelpreis als Favorit gehandelt wird. Das Restaurant serviert modern verfeinerte traditionelle Hausmannskost (ab 200 SEK).

Shoppingtipps

Bekannte Modelabels und große Markennamen unter einem Dach vereint das Kaufhaus **Nordiska Kompaniet (NK)** 5 in der Hamngatan 18–20 (www.nk.se, Mo–Fr 10–20, Sa 10–18, So 12–17 Uhr). Entlang der Hamngatan reihen sich weitere Kaufhäuser und große Modegeschäfte. Wichtigste Shoppingmeile der Innenstadt ist **Drottninggatan** zwischen Sergels torg und Jakobsgatan. In den kleinen Läden in den Gassen der Altstadt **Gamla stan** findet man originelle Mode, skandinavisches Design und andere hochwertige Mitbringsel.

Finnland, Schweden, Dänemark

Schärenidyll bei Vaxholm, vor den Toren Stockholms

16 12, Mo–Fr 8–19, Sa 10–18, So 11–18 Uhr. Eines der gemütlichsten unter Stockholms vielen Cafés. Über eine steile Wendeltreppe im engen Treppenhaus kommt man in die plüschig und altmodisch wirkenden Räume.

Einkaufen

Hochwertige Souvenirs – **Konsthantverkarna** 1: Södermalmstorg 4, Tel. 086 11 03 70, www.konsthantverkarna.se, Mo–Fr 11–18, Sa 11–16 Uhr. Stockholms älteste Kunsthandwerkerkooperative präsentiert ihre Werke in einem kleinen Laden. Hier findet man hochwertiges, garantiert in Schweden gefertigtes Kunsthandwerk.

Wohnen mit Stil – **Svenskt Tenn** 2: Strandvägen 5, Tel. 086 17 16 00, www.sveskttenn.se, Mo–Fr 10–18.30, Sa 10–17, So 12–16 Uhr. Auf der Suche nach typisch schwedischer Einrichtung, die nicht von IKEA kommt? Das 1924 gegründete Unternehmen bietet Alternativen – allerdings zu etwas höheren Preisen.

Spezialitäten weltweit – **Hötorgshallen** 3: Hötorget, www.hotorgshallen.se, Mo–Do 10–18, Fr 10–18.30, Sa 10–16 Uhr. Markthalle mit vielen Spezialitätenständen und fast einem Dutzend Möglichkeiten, den kleinen Hunger zu bekämpfen.

Historische Markthalle – **Östermalms saluhall** 4: Östermalmstorg 1, www.ostermalmshallen.se, Mo–Do 9.30–18, Fr 9.30–19, Sa 9.30–16 Uhr. Die Markthalle von 1888 ist im Stil der der Belle-Époque gehalten, die Marktstände sind mit Schnitzereien verziert. Angeboten werden vor allem Delikatessen, das Angebot der kleinen Restaurants ist vielfältig und erstaunlich gut.

Infos und Termine

Stockholm Tourist Center: Kulturhuset, Sergels Torg 5, Tel. 08 50 82 85 08, www.visitstockholm.com, Mai–Mitte Sept. Mo–Fr 9–19, Sa 9–16, So 10–16, sonst Mo–Fr 9–18, Sa 9–16, So 10–16 Uhr.

Mit der **Stockholmskortet** hat man freien Eintritt bei fast allen Sehenswürdigkeiten und Museen und fährt umsonst mit öffentlichen Verkehrsmitteln. Außerdem viele weitere Ermäßigungen (24 Std. 525 SEK, 48 Std. 675 SEK, 72 Std. 825 SEK). Eine 24-Stunden-Karte für alle öffentlichen Verkehrsmittel im Großraum Stockholm kostet (ohne Museumseintritt) 115 SEK, plus 20 SEK für die unerlässliche Magnetstreifenkarte Accesskort. Fahrscheine gibt es nur im Automaten oder am Schalter, nicht beim Busfahrer.

Kreuzfahrtterminal: Von Stadsgårdsterminalen läuft man 10–20 Min. in die

Stockholm/Nynäshamn

Altstadt und 20–30 Min. ins Zentrum Norrmalm. Vom Anleger im Frihamnen sind es 3 km in die City (15 Min. mit Buslinie 1 ab Frihamnen). Manchmal legen Kreuzfahrtschiffe auch im 60 km südlich gelegenen Fährhafen **Nynäshamn** an, in diesem Fall stehen in der Regel Shuttlebusse nach Stockholm bereit. Der Bahnhof von Nynäshamn ist etwa 20 Min. zu Fuß entfernt. Von dort fährt alle 30 Min. ein Vorortzug (Pendeltåg) in ca. 1 Std. nach Stockholm.

In der Umgebung

Schärengarten

Mehr als 20 000 Inseln liegen zwischen der Stadt und dem offenen Meer. Viele Stockholmer haben auf den oft winzigen Inseln ihr Ferienhäuschen oder machen an Wochenenden Ausflüge in den Schärengarten. Einige der weißen Schärendampfer sind über 100 Jahre alt und werden manchmal noch mit Dampf betrieben. **Fjäderholmarna** sind die am nächsten bei Stockholm gelegenen Schären, die Boote brauchen gerade mal 20 Min. Auch das idyllische Städtchen **Vaxholm** mit seinen pastellfarbenen Holzhäusern ist nicht weit entfernt. Die Fahrten beginnen entweder am Strömkajen (gegenüber vom Schloss vor dem Grand Hotel) oder am Nybrokajen oder Strandvägen, weitere Infos unter www.waxholmsbolaget.se.

Schloss Drottningholm

Tel. 084 02 62 80, www.kungahuset. se, Mai–Sept. tgl. 10–16.30, sonst kürzer, Schloss SEK 120, Kombiticket SEK 180. Ab Stadshusbron zweistündige Lunchfahrten (www.stromma.se)
Seit den 1980er-Jahren wohnt die königliche Familie vor den Toren der Stadt auf Schloss Drottningholm. Die imposante barocke Anlage wurde von Hofbaumeister Nicodemus Tessin geplant und Ende des 17. Jh. fertiggestellt. Sehenswert im Inneren sind das Treppenhaus sowie einige Prachträume.

Finnland, Schweden, Dänemark

In einem Nebengebäude ist das barocke **Hoftheater** untergebracht, das fast noch wie zu Zeiten seiner Gründung durch Gustav III. aussieht. Der König, der selbst Schauspiele verfasste, wurde 1792 auf einem Maskenball ermordet. Die gesamte Anlage wird von der Unesco als Welterbe geführt. Auch der weitläufige **Park**, im Stil des französischen Barock und der englischen Romantik, mit exakt frisierten Bäumen und Sträuchern, Bronzeskulpturen und Wasserspielen zeigt den Hang zu Perfektion und Luxus. Im Park versteckt sich das **Chinesische Schloss,** Kina slottet. Mitte des 18. Jh. wurde es als Geschenk für die aus Preußen stammende Gattin des Kronprinzen im Stil der Chinoiserie gebaut.

Visby ▶ E 4

Gotland ist die größte Insel Schwedens und nach Seeland die zweitgrößte der Ostsee. Visby ist die einzige Stadt Gotlands und hat rund 23 000 Einwohner.

Im Mittelalter war Visby eine bedeutende Handelsstadt und Mitglied der Hanse. Wegen der strategisch günstigen Lage erlangten auch die Gotländer erheblichen Reichtum, wurden aber auch immer wieder Opfer von Überfällen. So befahl der dänische König Valdemar Atterdag 1361 vor den Toren Visbys ein Massaker unter dem gotländischen Bauernheer und plünderte die Stadt. 300 Jahre lang herrschten die Dänen. Die vielen Kirchen Visbys, infolge der Lübecker Angriffe im 16. Jh. in Ruinen, wurden nicht wieder aufgebaut. Seit die Insel im Jahr 1645 schließlich an Schweden fiel, versank sie in einen Dornröschenschlaf, sodass der mittelalterliche **Stadtkern von Visby** direkt 11▶ S. 110), samt Mauer und Türmen, bis heute fast unversehrt erhalten geblieben ist. Deshalb zählt Visby zu den schönsten Städten im Ostseeraum.

Die Domkirche und mittelalterliche Türme dominieren Visbys Stadtsilhouette

Visby

Sehenswert
1. Burmeisterska huset
2. Gotlands Fornsal
3. Konstmuseet (Kunstmuseum)
4. Sankta Karin (Katarinenkirche)
5. Domkyrka (Dom)
6. Österport

Essen und Trinken
1. Restaurang Rosengården
2. Bakfickan
3. Sankt Hans Café & Lunchrestaurang

Essen und Trinken

Ideal bei schönem Wetter – **Restaurang Rosengården** 1: Stora Torget, Tel. 0489 21 81 90, www.restaurangrosengarden.se, tgl. 11.30–16 Uhr, ab 260 SEK. Die begrünte Terrasse liegt zwischen Marktplatz und Kirchenruine. Auf der Speisekarte findet man vor allem Fisch und Lamm oder Kleinigkeiten wie Toast Skagen.

Frischer Fisch – **Bakfickan** 2: Stora Torget, Tel. 0498 27 18 07, www.bakfickan-visby.nu. Egal, ob Strömming, Fischsuppe mit Aioli, Lachs oder Shrimps, der Fisch ist hier immer frisch und hervorragend zubereitet. Mo–Fr 11–14 Uhr gibt es ein günstiges Lunchgericht vom Tagesfang. Ab 160 SEK, Lunch 110 SEK.

Infos und Termine

Turistbyrån på Gotland: Donnerska huset, Donners plats 1, Tel. 0498 20 17 00, http://gotland.com, Mo–Fr 9–19, Sa/So 9–18 Uhr

Die beste Zeit für einen Besuch in Visby ist Anfang August. Zur **Medeltidsveckan** schlüpfen die Visbyer in farbenprächtige Kostüme und veranstalten Umzüge, Ritterturniere und einen großen Mittelaltermarkt, Gaukler, Handwerker, Händler und Spielleute bevölkern die Straßen wie zu Zeiten der dänischen Eroberung 1361.

Kreuzfahrtterminal: Kreuzfahrtschiffe und Fähren legen am Hamnterminalen an, von hier ist es nicht weit zu Fuß in die Altstadt. ▷ S. 112

11 | Mittelalterliches Flair in Gotland – Spaziergang in Visby

Karte: Cityplan S. 109 | **Dauer:** mind. 3–4 Std.

Auch heute noch ist die mittelalterliche Altstadt Visbys von einer wehrhaften, 3,5 km langen Stadtmauer umgeben, die nur zur Wasserseite hin offen ist. Die ›Stadt der Rosen und Ruinen‹ oder das ›Carcassonne des Nordens‹ wird von der UNESCO als Weltkulturerbe geführt.

Wer mit dem Schiff ankommt, erkennt schon aus der Ferne den Festungscharakter von Visby. Die einzige Stadt Gotlands schmiegt sich am Ufer der Ostsee an einen sanften Hügel. Ihre Dächer wachsen terrassenförmig aus dem Meer, überragt von den mit schwarzen Schindeln gedeckten Türmen der Domkirche Sankta Maria. Kurioserweise wurde die Stadtmauer nicht gegen Angriffe von außen errichtet. Vielmehr waren die in der Stadt lebenden Kaufleute, zum großen Teil deutscher Herkunft, mit der Landbevölkerung verfeindet. Dieser zwischen Visby und dem übrigen Gotland schwelende Konflikt war einer der Gründe dafür, dass der Dänenkönig Valdemar Atterdag 1361 relativ problemlos in die Stadt einmarschieren und sie plündern konnte.

Mittelalterliche Architektur

Beginnen Sie den Stadtrundgang am Hafen und gehen dann bis zum **Donnersplats** mit dem Touristenbüro, wo Sie auf die **Strandgatan** stoßen. Früher lag die ›Strandstraße‹ noch direkt am Wasser, nach Aufschüttungen sind es heute rund 100 m bis zur Ostsee. Entlang der Strandgatan liegen einige der schönsten mittelalterlichen Gebäude sowie eine große Auswahl an Restaurants. Direkt am Donnersplats lohnt das **Burmeister-Haus** 1 (**Burmeisterska huset**) von 1652 einen näheren Blick, das sich ein Lübecker Kaufmann im norddeutschen Stil als Blockbohlenhaus mit Fachwerkgiebel bauen ließ – in Visby einzigartig. Neben einer kleinen Ausstellung zur Geschichte Visbys sind Wandmalereien mit Jagdmotiven im ersten Stock sehenswert.

Erstaunliches aus Gotlands Natur und Kultur

Ein kleines Stück weiter kommt man zum Landesmuseum **Gotlands Fornsal** 2. Hier dreht sich alles um die Vergangenheit der Insel, zu sehen sind ein Stadtmodell, Runensteine sowie Gold- und Silberschätze aus der Wikingerzeit. Auch mittelalterliche Kirchenkunst, besonders Skulpturen, sowie erdgeschichtliche Relikte, wie über 400 Mio. Jahre alte Fossilien aus der Silurzeit, können betrachtet werden. Im gleichen Haus ist die Ausstellung ›Fenomenalen‹ untergebracht, die vor allem Jugendliche dazu animieren will, sich interaktiv mit naturwissenschaftliche Phänomenen auseinanderzusetzen.

Wer sich für gotländische Kunst der letzten 100 Jahre interessiert, sollte sich das **Kunstmuseum** 3 in der Sankt Hansgatan anschauen.

Stadt der Kirchenruinen

Folgt man der Sankt Hansgatan weiter und biegt dann in die Sankta Katarinagatan ein, kommt man zum **Stora Torget,** dem Zentrum der mittelalterlichen Altstadt. Auf drei Seiten ist der Platz von schönen alten Häusern umgeben, in denen sich Restaurants und Kneipen befinden. Die Westseite des Platzes nimmt die Ruine der Katarinenkirche, **Sankta Karin** 4 ein, 1250 eingeweiht, war sie damals Teil des Franziskanerklosters. Doch sie ist nicht die einzige Kirchenruine der Stadt, denn nach dem verheerenden Brand beim lübischen Angriff von 1525 wurden alle Kirchen Visbys mit Ausnahme des Doms zwar nicht abgerissen, aber auch nicht wieder aufgebaut.

Durch die Södra Kyrkogatan ist man schnell am Dom, **Domkyrka** 5, dessen Inneres relativ schlicht ist. Gehen Sie nun die Treppen neben Visbys einziger intakter Kirche hinauf und genießen Sie den Blick aus nächster Nähe auf deren Türme, die Stadt und das Meer.

Verlassen Sie nun die Altstadt durch das Tor **Österport** 6 und laufen auf der Außenseite der Mauer gegen den Uhrzeigersinn weiter. Erst aus dieser Perspektive sieht man die noch vollständig erhaltene **Stadtmauer** mit einem Großteil ihrer 44 Türme. Über die Strandpromenade gelangt man schließlich wieder zum Ausgangspunkt.

Infos
Gotlands Fornsal und Fenomenalen: Strandgatan 14, Tel. 0498 29 27 00, www.gotlandsmuseet.se, Di–So 11–16 Uhr 100 SEK (einschließlich Kunstmuseum).
Gotlands Konstmuseum: Sankt Hansgatan 21, Tel. 0498 29 27 00, www.gotlandsmuseet.se, Di–So 12–16 Uhr, 50 SEK.

Kaffeetrinken in Ruinen
Im Sommer stellt das **Sankt Hans Café & Lunchrestaurang** 3 (Sankt Hansplan 2, Tel. 0498 21 07 72, Mo–Fr 10–18 Uhr) Tische und Stühle nach draußen und man kann inmitten der grün überwucherten Ruinen der Sankt-Hans-Kirche sitzen und Kaffee trinken. Zum Lunch werden auch kleine Gerichte angeboten.

Finnland, Schweden, Dänemark

In der Umgebung

Lummelundagrottan
Tel. 0498 27 30 50, www.lummelunda grottan.se, Mai–Sept. tgl. 9–18, sonst kürzer, 135 SEK, von Visby mit dem Bus Nr. 61 zu erreichen
Die größte Tropfsteinhöhle der Insel mit schönen Stalagmiten und Stalaktiten liegt einige Kilometer nördlich von Visby. Neben der normalen Führung, die rund eine Stunde dauert, gibt es noch eine abenteuerliche Variante.

Raukar auf Fårö ▶ F 4
Gotlands größte Sehenswürdigkeit außer Visby sind die Raukar, Türme, Pfeiler und Nadeln aus bizarr erodiertem Kalkstein. Sie stehen an einem der langen Strände oder krönen die steilen Klippen. Um so manchen der besonders auffälligen Felstürme ranken sich abenteuerliche Geschichten. Die schönsten Raukar befinden sich auf der Insel Fårö, die durch einen schmalen Sund von Gotland getrennt ist. Im Naturreservat Digerhuvud kann man am Strand entlang spazieren gehen und dabei mehrere hundert Raukar bewundern. Wenn Sie einen halben Tag Zeit haben und keinen Sinn für mittelalterliche Städte, lassen Sie sich die Raukar nicht entgehen.

Rønne ▶ D 6

Bornholm ist die östlichste Insel Dänemarks und liegt etwa 150 km südöstlich von Kopenhagen, von der Südküste Schwedens ist sie nur 40 km entfernt. Die 588 km² große Insel besteht überwiegend aus leicht gewelltem Hügelland, wie man bei einem Abstecher ins Innere der Insel (direkt 12 S. 114), zu pittoresken Dörfern und einzigartigen Rundkirchen, feststellen kann. Von den rund 42 000 Einwohnern lebt knapp ein Drittel in Rønne.

Rønnes Wahrzeichen ist der Leuchtturm

Rønne

Sehenswert
1 Leuchtturm
2 Sankt Nikolai
3 Lille Torv
4 Bornholms Museum

Essen und Trinken
1 Restaurant Poul P.
2 Café Baltic

Vermutlich haben schon die Wikinger an diesem Ort gesiedelt, die Kaufmannsstadt wurde 1327 gegründet. Wegen ihrer strategisch günstigen Lage spielte Rønne im Laufe seiner Geschichte eine wichtige Rolle, wechselte aber auch oft nicht ganz friedlich den Besitzer. Daran beteiligt waren dänische Könige, diverse Bischöfe, deutsche Fürsten und auch die Hanse. Wegen des Hafens ist Rønne heute ein wichtiges Handels- und Industriezentrum.

Stadtrundgang

Obwohl jeder dritte Bornholmer in Rønne wohnt, ist die Stadt klein und überschaubar geblieben. Trotz der erheblichen Schäden im Zweiten Weltkrieg zählt Rønne heute zu den schönsten historischen Städten Dänemarks. Charakteristisch sind die kleinen, meist einstöckigen Häuser, die liebevoll gepflegt und gerne in kräftigen Farben angestrichen werden. Schon in den 1960er-Jahren wurden rund 600 Häuser unter Denkmalschutz gestellt, die meisten von ihnen befinden sich westlich von Søndergade und Store Torvgade.

Die beiden Wahrzeichen der Stadt liegen dicht beieinander in Hafennähe: der schlanke, weiße, achteckige **Leuchtturm** 1 und die ebenfalls weiße Feldsteinkirche mit Fachwerkturm. Die Kirche **Sankt Nikolai** 2 wirkt älter, wurde aber erst Anfang des 20. Jh. fertiggestellt. Erkunden Sie von hier noch ein wenig die engen Gassen rund um die Kirche und gehen dann über den **Lille Torv** 3, den ›kleinen Marktplatz‹, zum **Store Torv.** Der ›große Marktplatz‹ war früher Exerzierplatz, heute ist er das Geschäftszentrum Rønnes mit mehrstöckigen Häusern, die fast alle jüngeren Datums sind.

Bornholms Museum 4

Skt. Mortensgade 29, Tel. 56 95 07 35, www.bornholmsmuseer.dk, Juli, Aug. tgl. 10–17, Mitte Mai–Ende Juni und Sept.–Mitte Okt. Mo–Sa 10–17, sonst Mo–Sa 13–16 Uhr, je nach Jahreszeit 50–70 DKK

Das Inselmuseum erzählt die Geschichte Bornholms vom Altertum bis zur Gegenwart. Im Museum erfahren Sie auch etwas über die Guldgubber, rätselhafte, wahrscheinlich rund 1500 Jahre alte, ein bis zwei Zentimeter große Figuren aus Goldblech. ▷ S. 116

12 | Das ›Capri des Nordens‹ – Inselrundfahrt Bornholm

Karte: ▶ D 6 | **Dauer:** 1 Tag

Der Vergleich mit Capri mag ein wenig übertrieben sein, aber immerhin gedeihen auf Bornholm dank reichlich Sonnenschein Mandel-, Pfirsich- und Aprikosenbäume. Im Norden Klippen und Granitfelsen, im Süden lange Strände, in der Mitte Felder und Wälder und mit Rønne eine charmante Hauptstadt – Bornholm ist abwechslungsreich.

Wenn Sie nur einige Stunden Zeit haben, machen Sie nur einen Spaziergang durch Rønne (s. S. 112), haben Sie aber einen ganzen Tag, nehmen Sie sich einen Mietwagen und machen die Inselrunde. Ohne Abstecher sind die gut 100 km an einem Tag samt Besichtigungen gut zu schaffen.

Granitfelsen, Klippen und Sandstrände

Nahe der Nordspitze Bornholms thront auf einem Granitfelsen die Ruine der Festung **Hammershus** ❶, immerhin eine der größten Burgruinen Nordeuropas. Als sie militärisch nutzlos wurde, trugen die Bornholmer sie Stein um Stein ab, die gebrannten Ziegel waren ein begehrter Baustoff für Schornsteine – Recycling vor 200 Jahren.

An der Ostküste Bornholms liegen die beiden schönsten Orte: **Gudhjem** und **Svaneke.** Mit alten, bunten Fachwerkhäusern, lebendigen Häfen und engen, großteils autofreien Gassen. Bei Gudhjem lohnt das auch architektonisch sehenswerte **Bornholms Kunstmuseum** ❷ einen Besuch, das vor allem Werke der Bornholmer Schule vom

12 | Insel Bornholm

Anfang des 20. Jh. zeigt. Vom Museum ist es nicht weit zu den **Helligdomsklippen** 3, einer imposanten Klippenküste.

Ganz im Süden ist die Küste am langen **Dueodde Strand** 4 dagegen wie geschaffen zum Baden. Hinter dem Strand liegen Dünen und Wälder.

Einzigartige Rundkirchen

Wenn Sie auf ihrer Inselrunde noch ein wenig Zeit übrig haben, machen Sie unbedingt einen Abstecher zu einer der vier berühmten Rundkirchen der Insel: **Nykirke** 5 (s. Abb. S. 114), **Nylarskirke** 6, **Olskirke** 7 oder **Østerlarskirke** 8. Letztere, um die Mitte des 12. Jh. erbaut, ist die älteste und größte der Bornholmer Rundkirchen und zieht die meisten Besucher an. Wie auch die übrigen Kirchen diente sie in Kriegszeiten zugleich als Festung. Den voluminösen Mittelpfeiler im Innern schmücken schöne Malereien.

> **Übrigens:** Wenn im Sommer die Kamine rauchen, sind die frischen ›Bornholmer‹ bald fertig. Folgen Sie ihrer Nase zu der bekanntesten kulinarischen Spezialität der Insel: den geräucherten Ostseeheringen. Nach drei Stunden im Rauch sind aus den fangfrischen, silbrigen Heringen fette, goldgelbe Bornholmer geworden. Direkt aus dem Rauch und noch warm schmecken sie am besten – mit einem Eigelb, grobem Salz, Schnittlauch und einer Scheibe dunklem Brot.

Infos

Bornholms Kunstmuseum: Otto Bruuns Plads 1, nordwestl. von Gudhjem, Tel. 56 48 43 86, www.bornholms-kunstmuseum.dk, Juni–Aug. tgl. 10–17, April, Mai, Sept., Okt. Di–So 10–17, sonst Do, Fr 13–17, Sa, So 10–17 Uhr, 70 DKK.
Østerlarskirke: Vietsvej 25, Gudhjem, April–Mitte Okt. Mo–Sa 9–17, 10 DKK.

Essen und Trinken

Speisen mit Aussicht lässt es sich im **Restaurant Bassing's** 1 (Bokulvej 4, Gudhjem, Tel. 56 48 52 97, www.bassingsbokulhus.dk, Juli–Mitte Sept. tgl. 12–21.30, sonst tgl. 17.30–21.30 Uhr, ab 175 DKK). Das alte Fachwerkhaus liegt auf den Klippen, vom Speiseraum und von den Terrassen genießt man einen schönen Blick auf Gudhjem und das Meer. Fisch, Fleisch und Gemüse liefern täglich frisch lokale Produzenten.

Jeden Tag um 11 Uhr kommt der Fisch aus dem Rauch in der **Hasle Røgeri** 2 (Søndre Bæk 20, Hasle, Tel. 56 96 20 02, www.hasleroegeri.dk, Mitte Juni–Mitte Aug. tgl. 10–21, sonst 10–18 Uhr). Am besten schmecken Hering und Lachs noch warm, im einfachen Restaurant oder an Tischen draußen.

Finnland, Schweden, Dänemark

Essen und Trinken
Künstlerisch angehaucht – **Restaurant Poul P.** 1: Store Torvegade 29, Tel. 28 77 60 40, www.restaurantpoulp.dk, Mo–Sa 10–1, So 16–22 Uhr, ab 200 DKK. Schnörkellose, ehrliche dänische Hausmannskost zu fairen Preisen. Dabei werden überwiegend frische Rohwaren in Bio-Qualität aus der Umgebung verarbeitet. Wegen der Kulturveranstaltungen – Lesungen und Konzerte – ist das Poul P. auch als ›Mini-Montmartre‹ bekannt.

Für den Hunger zwischendurch – **Café Baltic** 2: Snellemark 17, Tel. 56 91 26 66, www.cafebaltic.dk, Mo–Fr 9.30–18, Sa 9.30–14 Uhr. Modernes Café mit wechselnden Kunstausstellungen. Neben Kaffee und Kuchen bekommt man hier auch einfache Gerichte wie Burger, Pfannkuchen und Sandwiches.

Infos und Termine
Bornholms Velkomstcenter: Nordre Kystvej 3, Tel. 56 95 95 00, www.bornholm.info, Hauptsaison tgl. 9–17, sonst mindestens Mo–Fr 9–16 Uhr.

Kreuzfahrtterminal: Rønne hat nur einen Fährterminal. Kreuzfahrtschiffe müssen ab einer gewissen Größe) auf Reede ankern – und dann wird getendert. Der Hafen von Rønne befindet sich in Altstadtnähe, die Innenstadt ist zu Fuß zu erreichen.

Kopenhagen
▶ C 5, Cityplan S. 120

Seit 1417 ist Kopenhagen (København) Hauptstadt des Königreichs Dänemark. Die rege Bautätigkeit von König Christian IV., der 1588–1648 regierte, prägt

Slotsholmen mit Christiansborg slot und links dem Drachenturm der Börse

Kopenhagen

das Stadtbild von Kopenhagen bis heute. Vor allem der Stadtteil Christianshavn im Osten der Altstadt trägt seine Handschrift. Wegen der vielen Kanäle erinnert das Viertel an Amsterdam, denn Christian IV. beschäftigte niederländische Architekten. Auch sein Nachfolger Christian V. musste sich den Problemen einer schnell wachsenden Stadt stellen, er ließ rund um den Kongens Nytorv, den man beim Spaziergang über den Strøget (direkt 13▶ S. 124) passiert, das neue Stadtzentrum bauen.

Kopenhagen ist das kulturelle und wirtschaftliche Zentrum des Landes, Sitz des Parlaments, der Regierung und des Königshauses. Es hat rund 570 000, der Großraum 1,2 Mio. Einwohner, was knapp einem Viertel der Gesamtbevölkerung Dänemarks entspricht. Seit der Fertigstellung der Öresundbrücke bildet Kopenhagen mit der schwedischen Provinz Skåne mit den Städten Lund und Malmö, die Öresundregion.

Tivoli 1
Vesterbrogade 3, Tel. 33 15 10 01, www.tivoli.dk, April–Mitte Sept. So–Do 11–23, Fr/Sa bis 24 Uhr sonst kürzer, in der Regel bis 22 Uhr, 99 DKK

Der Kopenhagener Tivoli ist die mit Abstand meistbesuchte Sehenswürdigkeit der Stadt. 1843 eröffnet, hat der Vergnügungspark mit Achterbahnen, Livemusik, Pantomimen-Theater und gut 30 Restaurants bis heute nichts von seiner Anziehungskraft eingebüßt.

Dansk Design Center 2
H.C. Andersens Boulevard 27, Tel. 33 69 33 69, www.ddc.dk, Mo, Di, Do, Fr 10–17, Mi 10–21, Sa, So 11–16 Uhr, 55 DKK

Das ›Zentrum für dänisches Design‹ zeigt wechselnde Ausstellungen, die sich mit den neuesten Trends des dänischen und internationalen Designs auseinandersetzen. Eine permanente Ausstellung ist den Arbeiten der Designikonen des 20. Jh. gewidmet. Auch das von jungen dänischen Designern gestaltete Café ist einen Besuch wert.

Ny Carlsberg Glyptotek 3
Dantes Plads 7, Tel. 33 41 81 41, www.glyptoteket.dk, Di–So 11–17 Uhr, 75 DKK

Die Glyptothek geht auf eine Stiftung des Brauereibesitzers Carl Jacobsen und seiner Frau Ottilie zurück, die in dem 1897 errichteten Gebäude ihre umfangreiche Kunstsammlung der Öffentlichkeit zugänglich machten. Zu sehen sind Skulpturen aus verschiedenen Epochen, ägyptische, griechische und etruskische Kunst, dänische Malerei des Goldenen Zeitalters in der ersten Hälfte des 19. Jh., französische Malerei u.a. von Monet und Gauguin sowie Gegenwartskunst.

Nationalmuseum 4
Ny Vestergade 10, Tel. 33 13 44 11, www.nationalmuseet.dk, Di–So 10–17 Uhr, Eintritt frei

Kern des kulturhistorischen Museums ist das Kronprinzenpalais im Rokokostil von Nicolai Eigtved, das durch mehrere Um- und Neubauten erweitert wurde. Das Nationalmuseum bietet einen umfassenden Querschnitt durch 10 000 Jahre dänische Geschichte von der Steinzeit bis zur Gegenwart. Zum Museum gehört auch das ›Klunkehjem‹, eine originalgetreu eingerichtete Wohnung aus der ›Plüsch- und Troddelzeit‹ der 1890er-Jahre, die verschwenderisch mit Möbeln, Kronleuchtern, Gemälden und allerlei Zierrat eingerichtet ist.

Slotsholmen

Die Schlossinsel (Slotsholmen) ist die Keimzelle der Stadt und seit Jahrhunderten Zentrum der Macht sowie Sitz der Mächtigen. Im Keller von Schloss

Finnland, Schweden, Dänemark

Christiansborg sind noch die 900 Jahre alten Mauern der ersten Burg zu besichtigen, die Bischof Absalon an dieser Stelle errichten ließ.

Eines der markantesten Gebäude der Stadt ist die ehemalige **Börse** von 1640. Die über 100 m lange Fassade ist mit zahlreichen Sandsteinverzierungen geschmückt. Einzigartig ist der 54 m hohe Turm aus spitz zulaufenden, ineinander verdrehten Drachenschwänzen.

Außerdem drängen sich auf Slotsholmen auf engstem Raum das Parlament, die Ministerien, das oberste Gericht, die Empfangssäle der Königin, die Königliche Bibliothek sowie das Thorvaldsens Museum.

Christiansborg slot 5

Christiansborgs slotspladss, Tel. 33 92 64 92, www.christiansborg.dk, unterirdische Ruinen und königliche Empfangsräume: tgl. 10–17 Uhr, Okt.–April Mo geschl., Kombiticket 120 DKK, Schlosskirche: So 10–17 Uhr, Eintritt frei

Das nach Plänen von Nicolai Eigtved erbaute erste Schloss brannte 1794 bis auf die Grundmauern nieder, der Palast wurde Anfang des 19. Jh. nach Plänen von C. F. Hansen neu gebaut und brannte 1884 ab. Der gegenwärtige vierflügelige Bau aus Bornholmer Granit im Neorokokostil stammt von Thorvald Jørgensen und wurde 1928 vollendet.

Thorvaldsens Museum 6

Bertel Thorvaldsens Plads 2, Tel. 33 32 15 32, www.thorvaldsensmuseum.dk, Di–So 10–17 Uhr, 40 DKK

Der dänische Bildhauer Bertel Thorvaldsen (1770–1844) lebte zwar mehr als 40 Jahre lang in Rom, doch 1838 stiftete er seine umfangreiche Kunstsammlung seiner Geburtsstadt Kopenhagen. Das markante Thorvaldsen-Museum wurde 1848 als erstes öffentliches Kunstmuseum Dänemarks eröffnet. Es beherbergt so gut wie alle Skulpturen Thorvaldsens einschließlich der Skizzen und Entwürfe sowie seine umfangreiche Sammlung an Gemälden, Zeichnungen und Grafiken.

Vor Frelsers Kirke (Erlöserkirche) 7

Skt. Annægade 29, www.vorfrelserskirke.dk, Kirche: tgl. 11–15.30 Uhr, Turm: Juli, Aug. Mo–Sa 10–19, So 10.30–19 Uhr, sonst kürzer, 35 DKK

Um den 90 m hohen Turm der 1696 im Barockstil vollendeten ›Erlöserkirche‹, windet sich eine Außentreppe bis ganz zur Spitze. Wenn Sie schwindelfrei sind, können Sie bei gutem Wetter einen fantastischen Ausblick auf die Stadt genießen. Gekrönt wird die Turmspitze von einer drei Meter hohen, vergoldeten Christusfigur auf einem Globus.

Christiania 8

Seit den 1970er-Jahren ist der Freistaat Christiania auf einem ehemaligen Kasernengelände im Stadtteil Christianshavn ein Sammelbecken alternativer Lebensformen – und schon lange auch eine Touristenattraktion – jeder möchte mal einen Blick auf die fantasievollen Häuser und das ›andere Leben‹ jenseits der Gutbürgerlichkeit werfen.

Marmorkirken 9

Frederiksgade 4, Tel. 33 15 01 44, www.marmorkirken.dk, Kirche: Mo–Do 10–17, Fr–So 12–17 Uhr, Kuppel: Mitte Juni–Ende Aug. tgl. 13 und 15 Uhr, sonst nur Sa/So, 35 DKK

Offiziell heißt sie Frederiks Kirke, doch die Kopenhagener nennen sie ›Marmorkirche‹, dabei wurde sie aus Kostengründen nicht aus Mar-   ▷ S. 122

**Kultur soweit das Auge reicht –
Blick vom Schauspielhaus zur Oper**

Kopenhagen

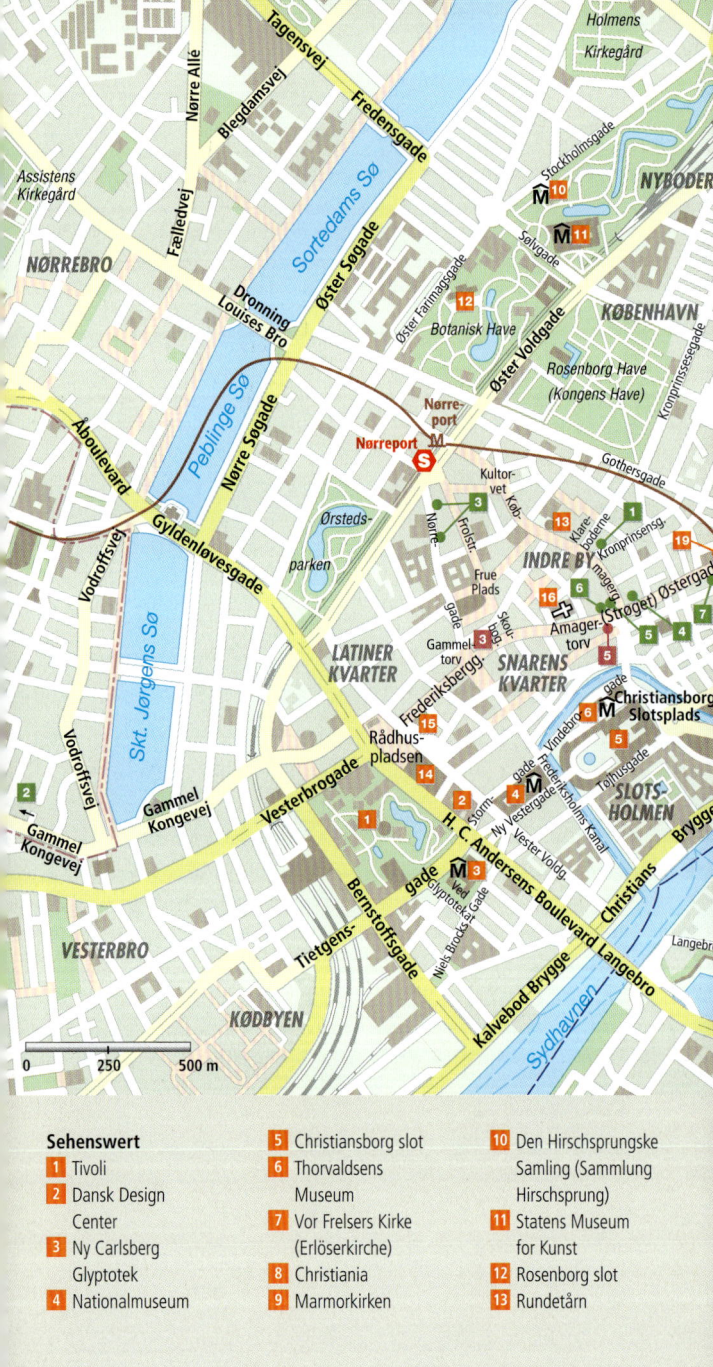

Finnland, Schweden, Dänemark

mor, sondern aus Kalkstein errichtet. Ursprünglich sollte der 1740 begonnene Bau sogar den Petersdom in Rom an Größe übertreffen, aus Geldmangel konnte die Marmorkirke aber erst 1894 und erheblich kleiner fertiggestellt werden. Mit einem Kuppeldurchmesser von 33 m zählt sie immer noch zu den größten Kirchen Europas.

Den Hirschsprungske Samling (Sammlung Hirschsprung) 10
Stockholmsgade 20, Tel. 35 42 03 36, www.hirschsprung.dk, tgl. außer Di 11–16 Uhr, 75 DKK
Kopenhagens intimste Gemäldesammlung inmitten einer schönen Parkanlage lohnt vor allem wegen der Sammlung meisterhafter Bilder der Skagen-Maler des 19. Jh., die von dem Tabakfabrikanten Hirschsprung in 40-jähriger Kleinarbeit zusammengetragen wurde.

Statens Museum for Kunst 11
Sølvgade 48–50, Tel. 33 74 84 94, www.smk.dk, Di–So 10–17, Mi bis 20 Uhr, Dauerausstellungen Eintritt frei
Dänemarks Nationalgalerie besitzt eine einzigartige Sammlung in- und ausländischer Kunst der letzten 700 Jahre. Aber auch architektonisch hat das Museum etwas Besonderes zu bieten, seit das alte Gebäude mit dem Neubau durch einen lichtdurchfluteten Skulpturengang verbunden wurde. Zusätzlich zu den Dauerausstellungen werden jedes Jahr mehrere hochkarätige Sonderausstellungen gezeigt.

Rosenborg Slot 12
Øster Voldgade 4A, Tel. 33 15 32 86, www.rosenborgslot.dk, Juni–Aug. tgl. 10–17, sonst mind. 10–14 Uhr, 90 DKK
Mit seinen Türmchen und Spitzen wirkt das 1606–24 als Sommerpalast im Auftrag von Christian IV. erbaute Renaissanceschloss wie ein Märchenpalast mitten in der Stadt. Im Innern bekommt man die Geschichte des dänischen Königshauses und die Kronjuwelen gezeigt. Sehenswert sind auch der Thronsaal, die Schreibstube Christians IV. im Turm, der Spiegelsaal nach Versailler Vorbild und der Rittersaal mit den wertvollen Rosenborgtapeten. Im wunderschönen Park rund um das Schloss kann man sich bei einem Spaziergang entspannen.

Rundetårn (Runder Turm) 13
Købmagergade 52A, Tel. 33 73 03 73, www.rundetaarn.dk, Mitte Mai–Mitte Sept. tgl. 10–20, sonst 10–18 Uhr, 25 DKK
Renaissancekönig Christian IV. ließ den 35 m hohen Runden Turm als astronomisches Observatorium errichten. Einzigartig ist der 209 m lange Schneckengang im Innern, dessen Rampe in siebeneinhalb Runden bis zum alten Planetarium führt. Seit 1642 kann man von der Spitze des Runden Turmes die Sterne beobachten (Mitte Okt.–Mitte März 19–22 Uhr) oder den schönen Blick auf Kopenhagen genießen.

Essen und Trinken
Einmal im Leben – **Noma** 1: Strandgade 93, Tel. 32 96 32 97, www.noma.dk, Di–Sa 12–22 Uhr, Menü 1600 DKK. Das Flaggschiff der Kopenhagener Restaurantszene. Schon zwei Jahre nach der Eröffnung mit einem Michelin-Stern ausgezeichnet, mittlerweile ist sogar der zweite hinzugekommen. In einem alten Speicherhaus mit rustikalen Holzbalken und moderner Einrichtung. Die Zutaten kommen überwiegend aus Grönland, Island und von den Färöern.
Smørrebrød, smørrebrød – **Restaurant Ida Davidsen** 2: Store Kongensgade 70, Tel. 33 91 36 55, www.idadavidsens.dk, Mo–Fr 10.30–17 Uhr.

Kopenhagen

Hier gibt es die echten *smørrebrød*. Wer die Wahl hat, hat die Qual, denn die Speisekarte ist rekordverdächtige 140 cm lang und bietet 250 verschiedene *smørrebrød*.

Traditionell – **La Glace** 3 : Skoubogade 3, Tel. 33 14 46 46, www.laglace.dk, Mo–Fr 8.30–18, Sa 9–18 Uhr. Dänemarks älteste Konditorei ist seit ihrer Eröffnung im Jahr 1870 immer noch am gleichen Ort zu finden. Die exzellenten Torten tragen hier große Namen: Karen Blixen, Othello und natürlich auch H.C. Andersen. Nur die »Sporttorte« gibt Rätsel auf, sie sieht nicht sportlich aus und bei den vielen Kalorien, die sie garantiert enthält, macht sie wohl auch nicht sportlich.

Ökologisch – **Café Amadeus** 4 : Store Kongensgade 62, Tel. 33 32 35 11, www.restaurant-amadeus.dk, tgl. ab 8 Uhr, ab 190 DKK. Ökologische Bäckerei mit mehrmals täglich frischem Brot. Außerdem kann man hier gut frühstücken oder brunchen. Empfehlenswert ist auch die Smørrebrød-Auswahl. Abends Restaurantbetrieb.

Einkaufen

Kopenhagen ist ein Shopping-Paradies: Für exklusive Markenware und Secondhand, aber natürlich auch für original dänisches Design. Außer am Strøget wird man vor allem in der Købmagergade fündig. Vom Kongens Nytorv bis zum Kastell erstreckt sich die Bredgade

Von Mai bis September findet immer samstags am Gammel Strand Kopenhagens bekanntester **Flohmarkt** statt. Angeboten werden überwiegend hochwertige Antiquitäten.

mit mehreren Galerien, Antiquitätenhändlern, Auktionshäusern, Modegeschäften, Einrichtungs- und Möbelhäusern. Auch rund um die Ravnsborggade in Nørrebro gibt es reichlich Antiquitäten- und Trödelläden.

Für Teeliebhaber – **A.C. Perch's Thehandel** 1 : Kronprinsensgade 5, Tel. 33 15 35 62, www.perchs.dk, Mo–Do 9–17.30, Fr bis 19, Sa 9.30–16 Uhr. Eines der ältesten Teehäuser Europas, gegründet 1835, auch heute noch mit schöner altertümlicher Ausstrahlung. Kleiner Laden mit großer Teeauswahl, die auch die königliche Familie zu schätzen weiß.

Bei der Schokoladenkönigin – **Frederiksberg Chokolade** 2 : Frederiksberg Allé 64, Tel. 33 22 36 35, www.frederiksbergchokolade.dk, Mo–Mi 10–17.30, Do/Fr bis 18, Sa 10–15 Uhr. Hier werden Schokolade und Trüffel in allen nur denkbaren Geschmacksrichtungen von Tina Jacobsen selbst hergestellt. Wie sehr die Kopenhagener ihre Kreationen schätzen, belegen die Schlangen, die sich vor Feiertagen vor ihrem Laden bilden. ▷ S. 128

Feinschmeckerparadies Kopenhagen

In den letzten Jahren hat sich in Kopenhagen eine gastronomische Revolution vollzogen und die dänische Hauptstadt zur Nummer Eins der Gourmets in Nordeuropa gemacht. Wer bereit ist, für exzellentes Essen den angemessenen Preis zu zahlen, kann unter etlichen Restaurants mit Michelin-Stern wählen, aber auch in der Preisklasse darunter wird oft Hervorragendes geboten. Die traditionelle, etwas biedere dänische Hausmannskost ist in Kopenhagen nur noch selten zu finden.

13 | Besuch bei der Kleinen Meerjungfrau – Kopenhagen

Karte: Cityplan S. 120 | **Dauer:** 1 Tag

Weltoffen, liebenswürdig, lebhaft, jedoch ohne Hektik, so präsentiert sich die dänische Hauptstadt. Eine moderne Metropole mit Charme, die beweist, dass Weltstadtflair nichts mit der Größe einer Stadt zu tun hat. Unzählige Restaurants, Kneipen, Cafés, eine lebendige Kulturszene sowie rund 100 Museen bieten viel Abwechslung.

»Oft, wenn ich durch die Straßen der Stadt gehe, kommt es mir vor, als ginge ich durch eine große Bibliothek. Die Häuser sind die Bücherregale, jede Etage ein Brett mit Büchern. Hier steht eine Alltagsgeschichte, dort eine gute alte Komödie, wissenschaftliche Werke aus allen Gebieten, hier Schundliteratur, und dort gute Bücher. Ich kann über all diese Bücher phantasieren und philosophieren.« Diese Zeilen stammen aus dem Märchen »Tante Zahnweh« von Hans Christian Andersen. Seitdem sind einige neue Bücher hinzugekommen, aber viele der alten Bücher gibt es noch immer. Doch keine Angst, Kopenhagen ist nicht verstaubt, es ist eine quicklebendige, charmante und moderne Stadt.

Mit Anleihen in der Toskana

Rådhuspladsen, der **Rathausplatz** zwischen Hans Christian Andersens Boulevard und Vester Voldgade, ist einer der geschäftigen Plätze der dänischen Hauptstadt und ein guter Ausgangspunkt für einen Stadtrundgang. Trotz einiger Straßencafés ist es kein Ort zum Verweilen, zum Kaffeetrinken gibt es gemütlichere Plätze in Kopenhagen. Beherrschend ist der imposante Klinkerbau des **Rathauses** 14, der eine gewisse Ähnlichkeit mit dem Palazzo Pubblico im toskanischen Siena aufweist. Über dem Eingang wacht Bischof Absalon mit Schwert und Bischofsstab über die Stadt, die er im Jahr 1167 gegründet hat.

Auf einer Säule hoch über der Vester Voldgade stehen die Statuen von zwei Lurenbläsern – Exemplare der archaischen Signaltrompeten, die durch Ausgrabungsfunde in die Bronzezeit datiert werden, kann man im Nationalmuseum betrachten. Auf der anderen Seite des Rathauses sitzt Hans Christian Andersen in Bronze gegossen und schaut auf den Eingang zum Tivoli. Sein Knie ist schon ganz blank gescheuert von den vielen Kindern, die darauf für ein Erinnerungsfoto Platz genommen haben. Folgt man Andersens Blick bis zur Ecke Vesterbrogade, bekommt man den Wetterbericht geliefert: Aus einem Fenster hoch über der Straße zeigt sich entweder das ›Schönwettermädchen‹ auf ihrem Fahrrad oder das ›Schlechtwettermädchen‹ mit Regenschirm.

Auf dem ›Strich‹ – Strøget

Direkt am Rathaus zeigt **Ripley's Believe it or not Museum** 15, ein Kuriositätenkabinett, das sich ›Museum‹ nennt, Sonderbares aus aller Welt. Hier beginnt die für Einheimische und Besucher wichtigste Einkaufsmeile der Stadt: **Strøget.** Genau genommen besteht der Straßenzug, der vom Rathaus bis zum Kongens Nytorv führt, aus Frederiksberggade, Nygade, Vimmelskaftet, Amagertorv und Østergade, doch das umgangssprachliche ›Strøget‹ – wörtlich ›der Strich‹ – hat sich längst durchgesetzt und steht mittlerweile auch auf den Straßenschildern.

Die Frederiksberggade ist der jüngste Teil des Strøget, denn 1728 hat hier ein Großfeuer die meisten alten Häuser zerstört. Daraufhin wurden die winkligen Straßen begradigt und verbreitert. Deshalb führt die Frederiksberggade heute geradlinig bis zum Gammeltorv und Nytorv. Dort, wo heute die Danske Bank residiert, wurde am 5. Mai 1813 der Philosoph Søren Kierkegaard geboren.

Erinnerungen ans Mittelalter

Der **Gammeltorv** ist der älteste Marktplatz Kopenhagens mit einer mehr als 800-jährigen Tradition. Auf dem Platz wurden schon im Mittelalter Feste gefeiert, Verbrecher an den Pranger gestellt oder auf dem Schafott hingerichtet. Um den Caritasbrunnen mit seinem »Mannikenpis«, das viel älter als sein bekannterer Bruder in Brüssel ist, steht ein Ensemble klassizistischer Häuser.

Geht man noch ein Stück weiter auf dem Strøget, liegt linker Hand der **Gråbrødretorv,** der schönste und lebendigste Platz Kopenhagens. Hier haben die Franziskaner im 13. Jh. ihr erstes Kloster gebaut. Wegen ihrer grauen Kutten wurden sie »Graue Brüder« genannt, was dem Platz den Namen gab. Obwohl unter der großen Platane viele Tische und Stühle auf dem Kopfsteinpflaster stehen, ist es bei schönem Wetter oft nicht einfach, in einem der Straßencafés einen Platz zu bekommen. Auch in den schön renovierten Bürgerhäusern aus dem 18. und 19. Jh. gibt es zahlreiche Restaurants und Kneipen, wo häufig Livemusik gespielt wird. Durch den Kringlegangen, vorbei an der **Helligåndskirken** 16 – eine der ältesten Kirchen in Kopenhagen –, mit einem schönen Renaissanceportal, ist man nach dem kurzen Abstecher schnell wieder auf dem Strøget.

Shopping am Amagertorv

Am **Amagertorv** geben sich die Straßenkünstler ein Stelldichein. Versuchen Sie im **Café Europa** 5 (www.europa 1989.dk, Mo–Mi 7.45–22, Do bis 23, Fr/Sa bis 24 Uhr) einen Platz zu bekommen, am besten einen Tisch vor der Tür

Finnland, Schweden, Dänemark

in der Sonne und schauen Sie dem bunten Treiben auf dem Platz eine Weile zu. In der Mitte des Platzes ist der Storchenbrunnen ein beliebter Treffpunkt. Auch wenn der Name vermuten lässt, dass Störche mit ausgebreiteten Flügeln auf dem Brunnen sitzen, entpuppen sie sich bei genauerem Hinsehen als Reiher.

Sehenswert ist der Porzellanladen von **Royal Copenhagen** [6]. Die Erzeugnisse der Königlichen Porzellanmanufaktur werden im Mathias Hansens Gård verkauft, eines der ältesten Häuser der Stadt und ausgestattet mit prächtiger Fassade und Stufengiebel. Für den schmaleren Geldbeutel bleibt der Besuch im obersten Stockwerk, im **Cafe Royal Copenhagen,** wo Kaffee und Kuchen auf königlichem Porzellan serviert werden.

Prunk am Kongens Nytorv

Der Strøget endet am **Kongens Nytorv,** dem ›neuen Markt des Königs‹. Zentrum des Platzes ist das Reiterstandbild König Christians V., der im 17. Jh. den Platz zum Mittelpunkt der schnell wachsenden Stadt machte. Im Laufe der Jahrhunderte entstanden um den Platz zahlreiche Luxusbauten: **Schloss Charlottenborg** [17] im holländischen Barockstil, das **Königlische Schauspielhaus** [18] (Det Kongelige Teater), das ehrwürdige Kaufhaus **Magasin du Nord** [7] (www.magasin.dk) und die Nobelherberge **Hotel d'Angleterre** [19]. Vor dem neoklassizistischen Königlichen Theater sitzen als Statuen Adam Oehlenschläger, der Autor der dänischen Nationalhymne, und der Komödiendichter Ludvig Holberg.

Das schönste Fotomotiv

Schon vom Kongens Nytorv ist der kurze Nyhavn Kanal zu sehen. Die Front aus alten, bunt gestrichenen Häusern und den vor Anker liegenden nostalgischen Holzschiffen ist eines der beliebtesten Fotomotive in Kopenhagen. Auf der Sonnenseite von **Nyhavn** [20] reiht sich Kneipe an Kneipe. Im Sommer stellen Cafés und Restaurants Tische, Stühle und Sonnenschirme vor die Tür. Trotzdem ist kaum ein Platz zu finden, bis in den späten Abend herrscht hier Hochbetrieb. Nyhavn ist seit Jahren ›in‹ – bei Kopenhagenbesuchern und Einheimischen gleichermaßen. Ein erstaunlicher Wandel, denn zu Zeiten von Hans Christian Andersen war Nyhavn noch ein zwielichtiger Rotlichtbezirk mit Hafenkneipen und Bordellen.

Zur Königin und zur Kleinen Meerjungfrau

Nördlich von Nyhavn beginnt der Stadtteil Frederiksstaden, der seinen Namen König Frederik V. verdankt. Das ganze Viertel trägt die Handschrift seines Hofbaumeisters Nicolai Eigtved: die rechtwinklig angelegten Straßen, die Rokokofassaden und **Amalienborg slot** [21]. Das Schlosss liegt in einer Blickachse mit **Marmorkirken** [9] (s. S. 118). Seit 1794 residiert das dänische Königshaus auf Schloss Amalienborg. Der achteckige Schlossplatz, in dessen Mitte König Frederik auf seinem bronzenen Ross sitzt, wird von vier Rokoko-Palais begrenzt, die sich die Mitglieder der königlichen Familie teilen. Die für repräsentative Zwecke genutzten Räume von Schloss Amalienborg können im Rahmen von Führungen besichtigt werden. In einem der Palais ist das Amalienborgmuseet untergebracht, das königliche Wohnkultur von 1863 bis 1972 ausstellt. Und nicht zuletzt findet jeden Tag um 12 die **Wachablösung** der Bärenfellmützen auf dem Schlossplatz statt.

Vom kleinen Park am Schloss kann man einen Blick auf die 2005 eröffnete **Oper (Operaen København)** [22] jen-

13 | Kopenhagen

Treffpunkt Storchenbrunnen: Amagertorv in Kopenhagens Zentrum

seits des Kanals werfen. Weiter in nördlicher Richtung geht man vorbei am **Gefion-Brunnen** 23 (Gefionspringvandet). Der Brunnen zeigt die Entstehung der Insel Seeland gemäß der altnordischen Mythologie. Demnach pflügte die Göttin Gefion mit ihren vier in Ochsen verwandelten Söhnen die Insel aus dem südschwedischen Festland.

Am Kastell vorbei kommt man schließlich in Sichtweite des Langelinie Kaj zur **Kleinen Meerjungfrau (Den Lille Havfrue)** 24. Das Wahrzeichen Kopenhagens sitzt auf einem Findling am Langelinie Kai. Sie ist die bekannteste Dänin, das muss selbst die Königin anerkennen. Aus der Nähe wirkt sie überraschend klein und unscheinbar.

Infos

Ripley's Believe It or Not Museum 15: Rådhuspladsen 57, www.ripleys.dk, Mitte Juni–Ende Aug. tgl. 10–22, Rest des Jahres So–Do 10–18, Fr, Sa 10–20 Uhr, 90 DKK.

Amalienborg slot 21: Amaliegade/Amalienborg Plads. Museum: www.amalienborgmuseet.dk, Mai–Okt. tgl. 10–16 Uhr, Schlossführungen: Juli–Sept. Sa, So 11.30–15.30 Uhr, So–Fr 70 DKK, Sa 90 DKK, Tickets im Museum.

Nobel Einkaufen

Rund um den Amagertorv gibt sich Kopenhagen als Shoppingstadt, allerdings wird hier eher Edles und kaum ein Schnäppchen angeboten. Luxusadressen sind das Kaufhaus **Illum** 4 (Østergade 52, www.illum.dk, Mo–Sa 10–20, So 11–18 Uhr), die Silberschmiede **Georg Jensen** 5, (Amagertorv 4), der Laden von **Royal Copenhagen** 6 (Amagertorv 6) sowie einige Boutiquen.

Finnland, Schweden, Dänemark

Stilbildende Wohnarchitektur des 21. Jh. in Malmös Stadtteil Västra Hamnen

Ohne Chemie – **Sømods Bolcher** 3: Nørregade 24 und 36, Tel. 33 12 60 46, www.soemods-bolcher.dk, Mo–Do 9.15–17.30, Fr bis 18, Sa 10–15.30, So 11–15 Uhr. In der 1891 eröffneten Bonbonfabrik können Naschkatzen bei der Herstellung von Süßigkeiten zusehen. Am besten sind die Bolcher noch warm.

Infos und Termine
Copenhagen Visitor Centre: Vesterbrogade 4A, Tel. 70 22 24 42, www.visitcopenhagen.com, Jan.–April, Sept.–Dez. Mo–Fr 9–16, Sa 9–14, Mai/Juni Mo–Sa 9–18, Sa 10–14, Juli/Aug. tgl. 9–20 Uhr.

Die **Copenhagen Card** gewährt freie Fahrt mit dem öffentlichen Nahverkehr, freien Eintritt in fast alle Museen und Sehenswürdigkeiten sowie Rabatt bei einigen Restaurants und Geschäften (24 Std. 499 DKK, 72 Std. 589 DKK).

Kreuzfahrtterminal: Kreuzfahrtschiffe legen entweder am Langelinie Pier oder am rund 4 km weiter entfernten Freeport Terminal an. Ein Taxi vom Freeport in die City kostet ca. 200 DKK. Außer am Wochenende fährt alle 20 Min. Bus Nr. 26 ins Zentrum (40 DKK), Fahrtdauer 15–25 Min. Vom Langelinie Pier ist es nicht weit bis zu einem Haltepunkt des Wasserbusses, der an mehreren Stellen in der City hält (Vandbus, Tagesticket 40 DKK).

Malmö ▶ C 6

Mit rund 313 000 Einwohnern ist Malmö nach Stockholm und Göteborg die drittgrößte Stadt Schwedens und zugleich Hauptstadt der südschwedischen Provinz Schonen (Skåne).

Seit der Eröffnung der Øresundbrücke im Jahr 2000 ist die Stadt mit Kopenhagen zu einem großstädtischen Ballungsraum zusammengewachsen, in

Malmö

dem etwa 3,5 Mio. Menschen leben. Nur 20 Min. benötigt der Zug von Malmö nach Kopenhagen – ideale Voraussetzungen für Pendler, denn in der Gegend um Malmö wohnt man billiger, während man in Kopenhagen mehr verdient. Die Öresundregion zählt zwar zu den dynamischsten Wachstumsgebieten Nordeuropas, im Zentrum von Malmö (`direkt 14` S. 130) geht es immer noch recht beschaulich zu.

Västra Hamnen (Westhafen)

Am Westhafen Malmös ist anlässlich einer Bauausstellung 2001 ein ganz neuer Stadtteil entstanden. In dem früheren Werft- und Industriegebiet stehen heute schicke Büro- und Wohnhäuser mit Blick auf den Öresund und die 8 km lange Öresundbrücke. Außerdem gibt es eine Strandpromenade mit Cafés und Restaurants sowie ein Schwimmbad. In dem Vorzeigeviertel fahren kaum Autos, fast alle nehmen das Rad oder den Bus oder gehen zu Fuß. Strom und Wärme werden vollständig aus erneuerbaren Energien produziert. Größte Attraktion ist der **Turning Torso,** ein 190 m hohes Wohnhochhaus mit einem um 90 Grad verdrehten Baukörper, das nach Plänen des spanischen Stararchitekten Santiago Calatrava 2005 fertiggestellt wurde. Bei der Anreise von See her ist das Symbol des Strukturwandels in Malmö das weithin sichtbare dominante Element der Stadtsilhouette.

Ribersborg

Der zwei Kilometer lange Ribersborg Strand liegt nah am Zentrum von Malmö und wird auch ›Copacabana Skandinaviens‹ genannt. Schon aus der Ferne ist der weit in die Ostsee führende Pier zu sehen. An dessen Ende befindet sich das 1898 erbaute Kaltbadehaus, wo man es sich in einer Trocken- und einer Dampfsauna gut gehen lassen und anschließend ins kalte Ostseewasser springen kann. Außerdem gibt es die Möglichkeit, im histori-   ▷ S. 133

14 | Perle am Öresund – Malmös idyllischer Stadtkern

Karte: ▶ C 6 | **Dauer:** mind. 3–4 Std.

Malmö besitzt einen kleinen, gemütlichen Kern, der bequem in einem halben Tag zu Fuß erkundet ist. Die Sehenswürdigkeiten konzentrieren sich in der Altstadt, die von einem Ringkanal begrenzt wird. Hier sind einige prunkvolle historische Gebäude um die beiden ehemaligen Marktplätze Stortorget und Lilla torg erhalten geblieben.

Der historische Marktplatz

Von der Anlegestelle der Sightseeingboote gegenüber dem Bahnhof sind es nur wenige Minuten zu Fuß zum zentralen früheren Marktplatz **Stortorget**. In dessen Mitte thront Karl X. Gustav in Feldherrenpose auf seinem Pferd. Für den kriegerischen König, der Malmö 1658 von Dänemark eroberte, soll dem Bildhauer Johan Börjeson einst ein Fischer aus den Stockholmer Schären Modell gestanden haben. Eingerahmt wird der Platz u. a. vom **Rathaus** 1 im Stil der holländischen Renaissance, der **Residenz** 2 des Landeshauptmanns und dem **Kockska Huset** 3, einem reich verzierten Treppengiebelhaus. In ihm wohnte um die Mitte des 16. Jh. der Bürgermeister Jörgen Kock, der den Stortorget anlegen ließ. Damals plätscherte noch das Wasser der Ostsee in unmittelbarer Nähe des Marktplatzes, das Land in Richtung Hauptbahnhof wurde erst nach seiner Zeit aufgeschüttet. Heute befindet sich in den Kellergewölben des Kockska Huset mit dem **Årstiderna** 1 eines der besten Restaurants der Stadt.

Malmös Stadtkern

Hinter dem Rathaus befindet sich das älteste Gebäude der Stadt, die **Skt. Petri kyrka** 4 aus dem 14. Jh. Sie hat Ähnlichkeit mit der St.-Marien-Kirche in Lübeck, was kein Zufall ist, denn sie entstand in der Zeit der Hanse, als die deutschen Kaufleute den Heringshandel an der schwedischen Küste beherrschten.

Mittelalteridylle und modernes Design

Nur wenige Schritte sind es vom Stortorget zum **Lilla Torg,** dem ›kleinen Marktplatz‹. Mit seinen 300 Jahre alten Fachwerkhäusern und dem Kopfsteinpflaster bildet er eine mittelalterliche Kleinstadtidylle inmitten der modernen Stadt. Doch hier pulsiert auch das Leben, hier sitzen Malmöer und Touristen gleichermaßen gerne in einem der Straßenrestaurants und genießen die wärmenden Strahlen der Sonne.

Sie können ihren Kaffee aber auch im Innenhof des **Form/Design Center** 5 trinken, den Sie durch ein Tor vom Lilla torg erreichen. In dem ehemaligen Lagerhaus des Hedmanska gården aus dem 19. Jh. werden heute die Werke von südschwedischen Künstlern und Designern sowie die neuesten Kreationen von Unternehmen aus der Möbel- und Textilbranche ausgestellt. In dem angeschlossenen Laden des Form/Design Center lohnt es sich immer, nach hochwertigen Souvenirs Ausschau zu halten.

Ein paar Straßenecken weiter steht man in der Snapperupsgatan 10 vor einem winzigen Haus – es ist Malmös kleinstes. Bis zum Anfang des 20. Jh. wohnte hier die fünfköpfige Familie Olsen, nach deren Tochter Ebba das Haus benannt wurde: **Ebbas Hus** 6. Die Wohnung ist noch genauso wie zu Lebzeiten der Olsens eingerichtet und kann

Gemütlichkeit in Fachwerk: Innenhof des Hedmanska gården

Finnland, Schweden, Dänemark

> **Übrigens:** Halten Sie in den Bäckereien nach einem Spettekaka Ausschau. Die turmartigen, knusprigen Kuchen sind eine Spezialität der Provinz Schonen. Aber Vorsicht, das zerbrechliche Gebilde ist nicht ganz einfach heil nach Hause zu bekommen.

heute als Museum kleinbürgerlicher Wohnkultur besichtigt werden.

Museen in der Festung

Die 1536–42 vom dänischen König Christian III. erbaute, von Wasser umgebene Festung **Malmöhus** 7 mit ihren vier runden Kanonentürmen hat eine wechselvolle Geschichte hinter sich. Erst nach 1900 wurde mit der systematischen Restaurierung begonnen. Heute sind das **Naturkundemuseum, Kunstmuseum** und das **Stadtmuseum** darin untergebracht, schräg gegenüber liegt in einem bescheidenen historischen Gebäude das **Haus für Technik und Seefahrt** 8 (Teknikens och Sjöfartens Hus). Um die Festung erstreckt sich heute der Kungsparken, der größte Park im Zentrum Malmös. Die Grünanlage wurde erst 1872 angelegt, zu einer Zeit, als die Festung schon lange keine militärische Bedeutung mehr besaß. Durch den Kungsparken ziehen sich mehrere Kanäle, sehenswert der **Slottsparken** 9 mit einem Freiluftcafé, der Windmühle und der Skulptur »Mensch und Pegasus« von Carl Milles.

Infos

Sankt Petri kyrka 4: Själbodgatan 4 A, tgl. 10–18 Uhr.
Form/Design Center 5: Lilla torg, Tel. 040 664 51 50, www.formdesigncenter.com, Di–Sa 11–17, So 12–16 Uhr, Eintritt frei.
Ebbas Hus 6: Snapperupsgatan 10, Tel. 040 34 44 23, tgl. 10–17 Uhr, Eintritt frei.
Malmöhus 7 mit Kunstmuseum und Naturkundemuseum sowie **Haus für Technik und Seefahrt** 8 (Teknikens och Sjöfartens Hus): Malmöhusvägen 6, Tel. 040 34 10 00, tgl. 11–17 Uhr, 40 SEK für alle Museen (ab 19 Jahre):

Essen und Trinken

Hervorragende schwedische Küche serviert das Restaurant **Årstiderna** 1 (Kockska huset, Frans Suellsgatan 3, Tel. 040 23 09 10, www.arstiderna.se, Mo–Fr 11.30–24, Sa 17–24 Uhr, ab 175 SEK). Rustikal und freundlich geht es in den Kellergewölben des Rathauses im **Rådhuskällaren** 2 (Stortorget, Tel. 04 07 90 20, www.profilrestauranger.se/radhuskallaren, Mo–Mi 11.30–14 und 17–22.30, Do, Fr bis 23, Sa. 17–23, So 14–20 Uhr, ab 200 SEK) zu. Das Interieur ist überraschend hell und modern. Auf der Speisekarte stehen traditionelle schwedische Gerichte.
Für Fischliebhaber ist **Johan P** 3 in der ehemaligen Markthalle das Richtige, hier sind vor allem fangfrischer Fisch und Meeresfrüchte empfehlenswert (Lilla Torg, Tel. 040 97 18 18, www.johanp.nu, Mo–Do 11.30–22, Fr 11.30–23, Sa 12–23, So 13–21 Uhr, ab 175 SEK.
Süße Verlockungen und kleine Mittagsgerichte erwartet Malmö-Besucher in der **Pâtisserie S:t Gertrud** 4 (Östergatan 7, Tel. 04 06 30 80 80, www.patisseriedavid.se, Mo–Fr 8–17, Sa 10–16 Uhr). Hier sind alle Köstlichkeiten – und die Auswahl ist wirklich groß – vom portugiesisch-luxemburgisch-schwedischen Besitzer selbst produziert.

Göteborg

> Einen geruhsamen Einstieg in die **Stadtbesichtigung** von Malmö bietet die knapp einstündige Fahrt mit einem der flachen **Boote**, die gegenüber vom Hauptbahnhof auf Fahrgäste warten. Nach einem Abstecher zum Nyhamn fährt man durch die Stadtkanäle und kann vom Wasser aus in aller Ruhe einen Blick auf Schloss Malmöhus, den Kungsparken, die wichtigsten Kirchen, das Kasino sowie die Stadtbibliothek werfen (www.stromma.se, Mitte Juni–Ende Aug. halbstdl. Abfahrten 11–19 Uhr, 130 SEK).

schen Ambiente des Cafés die Aussicht auf den Öresund zu genießen. Im Sommer treten abends häufig Künstler auf.

Konsthall
S:t Johannesgatan 7, Tel. 040 34 60 00, www.konsthall.malmo.se, tgl. 11–17 Uhr, Eintritt frei
In der Kunsthalle, einem der größten Ausstellungsräume Europas, werden regelmäßig – auch hochkarätige – Ausstellungen moderner Kunst präsentiert. Das Restaurant Smak in der Kunsthalle genießt einen ausgezeichneten Ruf und serviert günstige Lunchangebote.

Essen und Trinken
s. S. 132

Infos und Termine
Malmö Turism: Skeppsbron 2 (gegenüber dem Bahnhof), Tel. 040 34 12 00, www.malmotown.com, Juni–Aug. Mo–Fr 9–18, Sa 9–16, So 10–14.30, sonst Mo–Fr 9–17, Sa, So 10–14.30 Uhr.
Kreuzfahrtterminal: Der Hafen liegt nördlich vom Hauptbahnhof, je nach Kai sind es wenige Schritte bis einige Minuten zum Malmöer Zentrum.

Göteborg ▶ B 4, Cityplan S. 134

Die zweitgrößte Stadt Schwedens (533 000 Einw.) liegt zu beiden Seiten des Flusses Göta Älv, der hier in das Kattegat mündet.

Göteborg ist eine relativ junge Stadt, die erst 1621 von König Gustav II. Adolf den Privilegienbrief erhielt. Es war allerdings schon der vierte Versuch von Schweden, an dieser Stelle ein Tor zum Westen zu etablieren, die vorangegangenen Stadtgründungen hatten Kriege oder Feuer vereitelt. Umso erstaunlicher ist es, dass das unumstrittene Zentrum der schwedischen Westküste sogar der Hauptstadt Stockholm ihren Rang streitig macht. Besitzt Göteborg doch den größten Hafen des Landes, der das ganze Jahr über eisfrei ist und damit ein wichtiges Tor zur Welt bildet. Ein weiterer Vorteil ist die Lage am Göta Älv, auf dem auch größere Schiffe bis zum Vänernsee fahren können.

Durch den Hafen ist Göteborg seit jeher eine weltoffene Stadt, kein Wunder, dass der Anteil der Einwanderer an der Bevölkerung hoch ist. Schon zu Zeiten der Ostindischen Kompanie, die Handelsbeziehungen bis nach China unterhielt, wuchs Göteborg zu einer wichtigen Handels-, Hafen- und Industriestadt. Hier haben einige wichtige Unternehmen des Maschinenbaus und der Elektronikbranche ihren Hauptsitz, für die Schweden berühmt ist.

Weit davon entfernt, eine trostlose Industriestadt zu sein, hat Göteborgs Zentrum prächtige sehenswerte Bauwerke (**direkt 15** ▶ S. 137) und grüne Inseln zu bieten. Hinzu kommt ein gutes kulturelles und vor allem auch gastronomisches Angebot. Dank der Lage am Kattegat, dessen Wasser bereits mehr Salz enthält als die übrige Ostsee, kommen in den Spitzenrestaurants vor allem Fisch und Meeresfrüchte auf den

Göteborg

Sehenswert
1. Röhsska Museet
2. Liseberg
3. Universéum
4. Haga
5. Utkiken
6. Viermastbark Viking
7. Göteborgsoperan
8. Göteborgs Maritima Centrum
9. Börse
10. Rådhuset
11. Göteborgs Stadsmuseum
12. Kronhuset
13. Stora Teatern
14. Trädgårdsföreningens Park
15. Konstmuseet

Essen und Trinken
1. Sjömagasinet
2. Joe Farelli's

Einkaufen
1. Nordiska Kompaniet (NK)
2. Nordstan
3. Antikhallarna
4. Lerverk Galleri & Butik

Ausgehen
1. Bryggeriet

Göteborg

Tisch – von der Garnele bis zum lokal gefangenen Hummer.

Röhsska Museet [1]
Vasagatan 37–39, Tel. 031 61 38 50, www.designmuseum.se, Di 12–20, Mi–Fr 12–17, Sa, So 11–17 Uhr, 40 SEK

Das einzige Museum Schwedens für Design und Kunsthandwerk ist nach seinen Begründern, den Brüdern Röhss benannt. Anhand von Keramik, Möbeln, Glas und Textilien bekommt man einen guten Überblick über das schwedische Design von der Mitte des 19. Jh. bis zur Gegenwart. Zwei weitere Dauerausstellungen beschäftigen sich mit Japan und China. Im sogenannten Masreliez-Raum kann man kostbare Tapeten aus dem 18. Jh. bewundern.

Liseberg [2]
Örgrytevägen, Tel. 031 40 01 00, www.liseberg.se, Ende April–Anfang Okt. unterschiedliche Öffnungszeiten, meist tgl. 11–23 Uhr; außerdem Mitte Nov.–Weihnachten geöffnet, Eintritt in den Park 90 SEK, mit allen Fahrgeschäften 395 SEK

Schaut man sich die Besucherzahlen an, ist der Vergnügungspark Liseberg mit weitem Abstand das beliebteste Ziel Göteborgs. Ähnlich wie im Kopenhagener Tivoli beruht der Erfolg auf Vielfältigkeit: Man kann sich auf einer der spektakulärsten Holzachterbahnen der Welt in die Tiefe stürzen, auf diversen Bühnen das Showprogramm verfolgen oder in einem der Restaurants gut essen. Ein großer Anziehungspunkt ist auch der 146 m hohe Liseberg-Turm, von dem aus man die ganze Stadt überblickt.

Univérseum [3]
Södra Vägen 50, Tel. 03 13 35 64 50, www.universeum.se, Mitte Juni–Mitte Aug. tgl. 10–20, sonst 10–18 Uhr, je nach Jahreszeit 175–210 SEK

Im Wissenschaftszentrum Univérseum können Kinder, Jugendliche und auch neugierige Erwachsene nach Herzenslust experimentieren. Außerdem gibt es eine Schlangenausstellung, einen Regenwald und ein Meerwasser-Aquarium mit Haien und Rochen.

Haga [4]
Südlich des Zentrums liegt der Stadtteil Haga, der früher ein typischer Arbeiterbezirk war. Viele der alten Holzhäuser wurden im Zuge von Sanierungsmaßnahmen abgerissen, die verbliebenen mittlerweile jedoch liebevoll saniert. Nehmen Sie sich ein wenig Zeit und bummeln Sie über die Haga Nygata, stöbern Sie in den Antiquitätenläden oder gönnen Sie sich in einem der kleinen Cafés eine Pause und ein frisches, herrlich nach Zimt duftendes Teilchen, auch bekannt als *kanelbulle*.

Essen und Trinken

Maritim – **Sjömagasinet** [1]: Adolf Edelsvärds gata 5 (Klippans kulturesvat, Straßenbahn oder Schnellboot Älvsnabben vom Zentrum), Tel. 031 775 59 20, www.sjomagasinet.se, Di–Fr 18–22, Sa 17–22 Uhr, So/Mo geschl. In einem ehemaligen Speicherhaus der Ostindischen Kompanie aus dem Jahr 1775 am Fuß der Brücke Älvsborgsbron wird eine feine Küche mit Schwerpunkt Fisch und Meeresfrüchte geboten (Lunch 3 Gänge 525 SEK, à-la-carte abends ab 350 SEK).

Interessante Vielfalt – **Joe Farelli's** [2]: Kungsportsavenyn 12, Tel. 031 10 58 26, www.joefarelli.com, Mo–Do 11.30–1, Fr 11.30–2, Sa 12–3, So 12–1 Uhr, ab 180 SEK. Pizza und Burger, Vitello Italiano und New York Steak – ein Blick auf die Speisekarte zeigt deutlich, dass sich hier die italienische

Finnland, Schweden, Dänemark

Haben Sie schwere Beine vom Stadtspaziergang? Dann steigen Sie einfach in eines der flachen **Paddan-Boote**, die regelmäßig am Kungsportsplatsen für eine knapp einstündige Fahrt durch die Kanäle ablegen. Alternativ können Sie sich im Touristenbüro erkundigen, ob die **historische Straßenbahn** in Betrieb ist. Ein gemeinnütziger Verein bietet im Sommer in der Regel tägliche Fahrten mit historischen Straßenbahnen zwischen Hauptbahnhof und dem Vergnügungspark Liseberg an.

Ausgehen

Für jeden etwas dabei – **Bryggeriet** [1]: Kungsportsavenyn 3, Tel. 03 17 11 92 60, www.bryggeriet.se, Mo–Do 11–1, Fr 11–3, Sa 12–3, So 12–24 Uhr. Restaurant mit Terrasse und Blick auf die Flaniermeile, Bar, Nachtclub mit DJ und Livemusik, Sportübertragungen.

Infos und Termine

Göteborgs Turistbyrå: Kungsportsplatsen 2, Tel. 03 13 68 42 00, www.goteborg.com, Mo–Fr Fr 9.30–17, Sa 10–14, Mai–Aug. tgl. geöffnet, im Juli bis 20 Uhr.

mit der amerikanischen Küche vereint. Kann das gut gehen? Durchaus, denn das Restaurant ist immer gut besucht. Es ist nicht verkehrt, einen Tisch vorzubestellen.

Einkaufen

Gute Einkaufsmöglichkeiten bieten die Kungsportsavenyn und deren Nebenstraßen. Auch ein Gang durch die Fußgängerzone Fredsgatan, Kungsgatan, Korsgatan lohnt sich.

Traditionsreiches Warenhaus – **NK Nordiska Kompaniet** [1]: Östra Hamngatan 42. Die westschwedische Dependance des großen Kaufhauses in Stockholm (s. S. 103, 105) bietet wie dieses Designerkleidung und andere noble Marken.

Einkaufszentrum – **Nordstan** [2]: In der Nähe des Hauptbahnhofs (Nordstadstorget). Mit 150 Geschäften das angeblich größte Einkaufszentrum Skandinaviens.

Für Antiquitätensammler – **Antikhallarna** [3]: Västra Hamngatan 6.

Ausgefallenes – **Lerverk Galleri & Butik** [4]: Lilla Kyrkogatan 1, Ecke Drottninggatan 15. Showroom einer Kunsthandwerkerkooperative: Glas, Keramik und Metallkunst sowie Schmuck.

Mit der **Göteborg City Card** hat man freien Eintritt in die meisten Museen und Sehenswürdigkeiten, kann den öffentlichen Nahverkehr nutzen und bekommt bei ausgewählten Geschäften Rabatt (24 Std. 355 SEK, 48 Std. 495 SEK, 72 Std. 645 SEK, günstigere Preise im Winter).

Kreuzfahrtterminal: Vom Inneren Hafen (Frihamnen, Quay 107 und 112) sind es ca. 15 Min. (1 km) zu Fuß in die Innenstadt (Straßenbahn 2 und 5). Vom Äußeren Hafen (Arendal, Quay 643 und 751) sind es ca. 10 km ins Zentrum, der Shuttlebus braucht ca. 20 Min.

In der Umgebung

Wer einen Tag Zeit hat, kann einen Ausflug in Göteborgs Schärengarten unternehmen. Im Sommer werden viele verschiedene Ausflugsfahrten ab Lilla Bommen, Stenpiren und Packhuskajen angeboten. Ein schöner Tagesausflug mit Bus oder Ausflugsboot führt zur nördlich von Göteborg gelegenen Insel **Marstrand**. Die reich verzierten, in kräftigen Farben gestrichenen Holzhäuser auf der Insel zählen zu den klassischen Postkartenidyllen der Westküste.

15 | Weltoffene Metropole im Westen – Göteborg

Karte: Cityplan S. 134 | **Dauer:** mind. 4–6 Std.

König Gustav II. Adolf ließ die Stadt 1621 nach holländischem Vorbild mit Stadtmauern, Wallgräben, Bastionen und Festungen anlegen. Einiges davon ist im Laufe der Zeit verschwunden und die Stadt hat ihre damaligen Grenzen auch längst gesprengt, doch der ursprüngliche Kern innerhalb des Wallgrabens erinnert noch stark an die Anfänge.

Göteborgs Geschichte ist eng mit dem Wasser verknüpft, deshalb ist es nur logisch, den Stadtspaziergang am Ufer des breiten Göta Älv zu beginnen. Sofort ins Auge fallen zwei markante moderne Gebäude: das rot-weiß gestreifte Hochhaus Utkiken und das Opernhaus. Von einem der obersten Stockwerke des auch ›Lippenstiftturm‹ genannten **Utkiken** 5 genießt man den besten Blick auf Göteborg. Unterhalb des Utkiken liegt die **Viermastbark Viking** 6 vor Anker, die schon seit Jahren als ungewöhnliches Hotel dient.

Am Göta älv

Gehen Sie nun um den Jachthafen herum zur **Göteborgsoperan** 7 und zur Uferpromenade. Die Erwartungen an das neue Opernhaus waren hoch, als es 1994 schließlich eröffnet wurde. Und sie wurden sogar noch übertroffen, denn die Akustik wird von Kennern in den höchsten Tönen gelobt und das 160 m lange, extravagante Gebäude wurde schnell zum neuen Wahrzeichen der Stadt. Wenn Sie Zeit haben, schauen Sie sich das Opernhaus abends an, denn dann wird es in bunten Farben angestrahlt.

Gehen Sie vom Opernhaus nun einige Schritte auf der Uferpromenade **Packhuskajen** weiter, bis Sie **Göteborgs Maritima Centrum** 8 erreichen. Fast 20 historische Schiffe liegen hier vor Anker, darunter das Feuerschiff

Finnland, Schweden, Dänemark

»Fladen«, das Kriegsschiff »Småland« sowie das U-Boot »Nordkaparen«. Auf allen Museumsschiffen darf man nach Herzenslust herumturnen und kann sich auch durch den engen Einstieg ins Innere des U-Bootes zwängen.

Die historische Mitte

Der Platz **Gustaf Adolfs torg** bildet das Zentrum des historischen Göteborg. Er wird an einer Seite von einem der Kanäle begrenzt, die der Stadt ein fast holländisches Flair verleihen. Früher hieß der Marktplatz noch Stora torget, ›Großer Markt‹. Bis 1854 die Statue des Stadtgründers aufgestellt wurde und der Platz bei dieser Gelegenheit in Gustaf Adolfs torg umbenannt wurde. Der rechteckige Platz wird vom Gerichtsgebäude und der ehemaligen **Börse** 9 eingerahmt, beide im Stil des Klassizismus errichtet. **Rådhuset** 10, das (ehemalige) Gericht von 1672, hat mit Nicodemus Tessin d. Ä. einen berühmten Baumeister, wurde aber ab 1814 umgebaut. Der Nordflügel mit dem Innenhof ist wesentlich jünger und wurde in den 1930er-Jahren nach Plänen von Gunnar Asplund angefügt, der wichtigste Architekt des Funktionalismus in Schweden. Leider liegt der offene Platz an einer stark befahrenen Straßenkreuzung und ist zudem noch von überwiegend nüchternen modernen Zweckbauten umgeben. So hat der Gustaf Adolfs torg viel von seinem Charme eingebüßt.

Prachtbauten mit Vergangenheit

Geht man ein Stück das nördliche Ufer des Hamnkanalen in Richtung Göta Älv entlang, kommt man zur Kristine Kirche und bald darauf zu **Göteborgs Stadsmuseum** 11. Das Stadtmuseum gibt einen guten Überblick über Göteborgs Stadtentwicklung, hier ist auch Schwedens einziges Wikingerschiff zu bewundern. Doch mindestens ebenso interessant ist das prächtige, palastähnliche Gebäude von 1750 mit gusseisernen Säulen und Wandmalereien, in dem das Museum untergebracht ist. Es ist der ehemalige Sitz der Ostindischen Kompanie, die einst durch ihren weltweiten Handel reich wurde.

Etwas nördlich vom Stadtmuseum erinnert ein weiteres stattliches Gebäude an Göteborgs Vergangenheit. Das Mitte des 17. Jh. erbaute **Kronhuset** 12 ist das älteste nicht für religiöse oder Wohnzwecke errichtete Gebäude der Stadt und diente früher als Zeughaus. In den niedrigen, um den Hof gruppierten Häuschen, den **Kronhusbodarna**, sind mehrere Kunsthandwerksbetriebe sowie ein nostalgisches Café untergebracht.

Auf der Flaniermeile zum Götaplatsen

Zu Fuß geht es vom Kungsportsplatsen über den Wallgraben, rechter Hand sieht man den historischen Prachtbau **Stora Teatern** 13, mit Caféterrasse zum Sehen und Gesehenwerden und Schauplatz des Nachtlebens. Linker Hand liegt **Trädgårdsföreningens Park** 14. Mit Duftgarten, historischem Palmenhaus, Schmetterlingshaus, Rosarium, großen Rasenflächen und einem Freiluftcafé bildet der 1842 eröffnete Park eine der schönsten grünen Oasen der Stadt.

Von einem der beiden Eingänge des Parks schaut man auf die **Kungsportsavenyn,** einen schnurgeraden Prachtboulevard, der vom Kungsportsplatsen in der Nähe des Wallgrabens zum Götaplatsen führt. Für viele Göteborger ist ihre ›Avenyn‹ einzigartig in Schweden, vielleicht sogar in Skandinavien. Eingerahmt von einigen schönen alten Häusern ist sie Lebensader und Flaniermeile mit Boutiquen, Straßencafés, Restau-

15 | Göteborg

> **Übrigens:** Der schwedische Bildhauer Carl Milles (1875–1955), der den Poseidonbrunnen in Göteborg entwarf, ist für seine Springbrunnen bekannt. Sein letzter Entwurf »Gott Vater auf dem Himmelsbogen« wurde erst 1995 realisiert und am Hafen von Nacka an der Einfahrt nach Stockholm aufgestellt. Die Skulptur zeigt eine stehende Figur auf einem ca. 18 m hohen, Wasser speienden, parabelförmigen Bogen.

rants und Kneipen. Auch der rege Straßenbahnverkehr trägt zu dem nahezu nostalgischen Flair des Boulevards bei, vor allem wenn die historische Tram der Linie Richtung Liseberg vorbeibimmelt. Am **Götaplatsen** überblickt man aus erhöhter Position die gesamte Avenyn sowie einen Großteil des alten Stadtkerns. In der Mitte des Platzes erhebt sich ein überlebensgroßer **Poseidon** – das Werk des schwedischen Bildhauers Carl Milles. Den Platz umgibt ein architektonisch uneinheitliches Ensemble aus Kunstmuseum, Kunsthalle, Stadttheater und Konzerthaus. Beherrschendes Gebäude ist das 1923 zum 300-jährigen Stadtjubiläum erbaute, wuchtige **Konstmuseet** 15. Schwerpunkt der Sammlungen sind Werke nordischer Künstler des 19. und frühen 20. Jh., darunter Edvard Munch und die dänischen Skagen-Maler, die das Licht des Nordens so wunderbar einzufangen vermochten, sowie die Schweden Carl Larsson und Anders Zorn. Seit 1996 befindet sich auch das Hasselblad Center im Kunstmuseum. Die nach der legendären Kameramarke benannte Galerie zeigt eindrucksvolle Beispiele moderner, kreativer Fotografie und veranstaltet regelmäßig Ausstellungen skandinavischer Fotografen – ein weiterer Grund, dem Kunstmuseum einen Besuch abzustatten.

Infos

Utkiken 5: Lilla Bommen, 031 15 61 47, Juli–Mitte August tägl. 11–16, sonst Mo–Fr 11–15 Uhr, 40 SEK, Kinder (5–15) 20 SEK.
Göteborgsoperan 7: Christina Nilssons Gata, 031 10 80 00, www.opera.se, Opernhaus-Foyer geöffnet Mo–Sa 12–18 Uhr, Führungen (1 Std.) hinter die Kulissen, im Juli Mo–Sa 13 und 15 Uhr, Tickets im Foyer erhältlich, 70 SEK.
Göteborgs Maritima Centrum 8: Packhuskajen 8, Tel. 031 10 59 50, www.goteborgsmaritimacentrum.com, Mai–Sept. tgl. 11–18, April, Okt. Fr–So 11–16 Uhr, 100 SEK.
Göteborgs Stadsmuseum 11: Norra Hamngatan 12, Tel. 031 368 36 00, www.stadsmuseum.goteborg.se, Mai–Aug. tgl. 10–17 Uhr, sonst Di–So 10–17, Mi immer bis 20 Uhr, 40 SEK.
Trädgårdsföreningens Park 14: Slussgatan, www.tradgardsforeningen.se, Mitte April–Mitte Sept. tgl. 7–20, Mitte Sept.–Mitte April Mo–Fr 7–18 Sa, So 9–18 Uhr, Eintritt frei.
Konstmuseet 15: Götaplatsen, Tel. 031 61 29 80, www.konstmuseum.goteborg.se, Fr–So 11–17, Di, Do 11–18, Mi 11–20 Uhr, 40 SEK.

Nostalgische Souvenirs

In den Kunsthandwerksläden am Kronhuset 12, **Kronhusbodarna** (Postgatan 4–6, www.kronhusbodarna.com) kann man hochwertiges Design und nette Kleinigkeiten einkaufen oder auch nur den Handwerkern bei der Arbeit zusehen. Die Betriebe (Glasstudio, Uhrmacher, Lederwaren, Schokolade, Keramik, Café) haben meist Mo–Fr 10–17, Sa 11–14 Uhr geöffnet.

Register

Aalto, Alvar 95
Abfahrthäfen 6
An- und Abreise 16
Andersen, Hans Christian 124, 125
Ausschiffung 16

Barlach, Ernst 41
Bernsteinkauf 61
Bernsteinzimmer 86
Birka 10
Bodden 9
Bordkarte 16, 19
Bordsprache 17
Bornholm (Dänemark) 9, 112, **114**
Botschaft, russische 24
Bottnischer Meerbusen 11
Bücherei 18
Buchung 22

Christianisierung 12

Dänemark 112, 116
Danzig (Polen) 10, **56**
– Altstadt 56
– Artushof 60
– Bernsteinmuseum 59
– Frauengasse 60, 61
– Georgshalle 60
– Goldenes Tor 59
– Große Mühle 58
– Grünes Tor 60
– Hohes Tor 59
– Katharinenkirche 56
– Krantor 60
– Marienkirche 61
– Neptunbrunnen 60
– Rechtstadt 56, 59
– Rechtstädtisches Rathaus 60
– Uphagenhaus 60
– Westerplatte 58
Daten und Fakten 11
Deutschland 28
Deutschorden 12

Einschiffung 16
Essen und Trinken 14
Estland 72
EU-Beitritt 13

Fårö 112
Finnland 88
Flensburg 28
Förden 9
Foteviken 10
Frisches Haff 9

Gdańsk (Polen) 10, **56**
Gdynia (Polen) 56, 58
Geld 18
Geschichte 12
Gesundheit 19
Göteborg (Schweden) 133
– ›Avenyn‹ 138
– Götaplatsen 139
– Göteborgs Maritima Centrum 137
– Göteborgs Stadsmuseum 10, **138**
– Göteborgsoperan 137
– Gustaf Adolfs torg 138
– Haga 135
– historische Straßenbahn 136
– Konstmuseet 139
– Kronhusbodarna 138
– Kronhuset 138
– Kungsportsavenyn 138
– Liseberg 135
– Paddan-Boote 136
– Poseidon 139
– Rådhuset 138
– Röhsska Museet 135
– Stora Teatern 138
– Trädgårdsföreningens Park 138
– Universéum 135
– Utkiken 137
– Viermastbark Viking 137
Gotland 9, 11, 108
Großmachtzeit 12

Haff- und Nehrungsküste 9
Hanse **10,** 12, 36
Hansesail 50
Helsinki (Finnland) 88
– Ateneum 93
– Bahnhof 94
– Brunnen Havis Amanda 93
– Design 91
– Designmuseo 88
– Dom 93
– Esplanade 93
– Felsenkirche 88
– Finlandia-Halle 95
– Finnische Nationaloper 91
– Freilichtmuseum Seurasaari 89
– Kaivopuisto-Park 88
– Kaufhaus Stockmann 93
– Kauppatori 92
– Kiasma 94
– Marktplatz 92
– Nationalmuseum 94
– Naturhistorisches Museum 89
– Olympiastadion 91
– Reichstagsgebäude 94
– Schwedisches Theater 93
– Sederholm-Haus 93
– Senatsplatz 93
– Sibelius-Monument 89
– Suomenlinna 96
– Töölö-Bucht 91
– Uspenski-Kathedrale 93
– Wanha Kauppahalli 92

Informationsquellen 20
Internet 20, 25

Jasmund, Nationalpark 51
Jūrmala 72

Kabinen 21
Kadriorg 74
Kalmarer Union 12
Kalter Krieg 13

Register

Kap Arkona 55
Kattegat 9, 11, 133
Kiel 32
– Alter Markt 34
– Aquarium 34
– Hörnbrücke 32
– Kieler Woche 32
– Kunsthalle zu Kiel 33
– Louf 34
– Medizin- und Pharmaziehistorischen Sammlung 33
– Nikolaikirche 34
– Schifffahrtsmuseum 34
– Schloss 33
– Zoologisches Museum 33
Kieler Förde 32
Kiew 10
Kinder 20
Klaipėda (Litauen) 11, 12, **62**
Kleidung 21
Kliffküste 9
Klima 21
Königsstuhl 55
Kopenhagen (Dänemark) 116
– Amagertorv 125
– Amalienborg slot 126
– Börse 118
– Christiania 118
– Christiansborg slot 118
– Dansk Design Center 117
– Den Hirschsprungske Samling 122
– Erlöserkirche 118
– Gammeltorv 125
– Gefion-Brunnen 127
– Gråbrødretorv 125
– Helligåndskirken 125
– Kleine Meerjungfrau 127
– Kongens Nytorv 126
– Marmorkirken 118
– Nationalmuseum 117
– Ny Carlsberg Glyptotek 117
– Nyhavn 27, 126
– Oper 126
– Rathaus 124
– Ripley's Believe it or not Museum 125
– Rosenborg Slot 122
– Royal Copenhagen 126
– Rundetårn 122
– Slotsholmen 117
– Statens Museum for Kunst 122
– Strøget 125
– Thorvaldsens Museum 118
– Tivoli 117
– Vor Frelsers Kirke 118
– Wachablösung 126
Kreditkarte 19
Kurische Nehrung 9, 63

Landgang 22
Lettland 64
Landsorttief 11
Litauen 62
Lübeck 11, **35,** 108
– Altstadt 36, 38
– Buddenbrookhaus 40
– Buden 39
– Burgtor 40
– Café Niederegger 39
– Dom 39
– Europäisches Hansemuseum 40
– Große Petergrube 39
– Günter-Grass-Haus 40
– Hansemuseum 40
– Heiligen-Geist-Hospital 40
– Holstentor 38
– Hüxstraße 39
– Kulturforum Burgkloster 40
– Museumshafen 36
– Rathaus 39
– Schiffergesellschaft 40
– St.-Annen-Museum 39
– St.-Katharinen 41
– St.-Marien-Kirche 40
– St.-Petri-Kirche 39
– Theaterfigurenmuseum 39
– Willy-Brandt-Haus 41
Lummelundagrottan 112

Malmö (Schweden) 128
– Ebbas Hus 131
– Form/Design Center 131
– Haus für Technik und Seefahrt 132
– Kockska Huset 130
– Konsthall 134
– Kunstmuseum 132
– Lilla Torg 131
– Malmöhus 132
– Naturkundemuseum 132
– Rathaus 130
– Ribersborg 129
– Skt. Petri kyrka 130
– Slottsparken 132
– Stadtmuseum 132
– Stortorget 132
– Teknikens och Sjöfartens Hus 132
– Turning Torso 129
– Västra Hamnen 129
Mannerheim, Carl Gustaf Emil Freiherr von 88, 94
Marcks, Gerhard 41
Marstrand 136
Marzipan 39
Medikamente 20
Medizinische Versorgung 19
Memel 11
Milles, Carl 139
Mitternachtssonne 8
Møn 9
Mukran 51, 55

Nationalpark Jasmund 51
Nationalparkzentrum Jasmund 55
Nehrung 9
Nida 63
Nobelpreisverleihung 102
Nord-Ostsee-Kanal 32
Notfälle 24
Notke, Bernt 39, 77, 78
Nowgorod 10, 11
Nynäshamn 107

Öland 11
Öresundbrücke 117
Öresundregion 13, 117, 128
Ostsee 9, 11

Palanga 63
Pawlowsk 86

141

Register

Peterhof 86
Pirita 75
Polen 56
Puschkin 86
Rauchen 23
Reformation 12
Reisebüro 18
Reisedokumente 23
Reisen mit Handicap 24
Reisezeit 21
Restaurants 23
Reval 11, 12
Rezeption 17
Riga 11, 12
Rīga (Lettland) 64
– Drei Brüder 64
– Bastejkalns-Park 68
– Dom 64
– Eckes Konvent 67
– Freiheitsstatue 68
– Jugendstilmuseum 69
– Kalkstraße 66
– Katzenhaus 67
– Kunstmuseum in der Börse 65
– Laima-Uhr 67
– Okkupationsmuseum 66
– Ordensschloss 64
– Petrikirche 65
– Pulverturm 65, 68
– Schwarzhäupterhaus 67
– St.-James-Kathedrale 64
Rocca al Mare 80
Rollstuhlfahrer 24
Rostock 10, **44**
– Kloster Heiliges Kreuz 47, 51
– Marienkirche 46
– Petrikirche 47
– Rathaus 45
– Stadtmauer 45
– Universitätsplatz 46
– Weihnachtsmarkt 51
Rønne (Dänemark) 112
Rügen 9, 51
Rumregatta 31
Russische Botschaft 24
Russland 80

Saaremaa 11
Salzgehalt 9, 11

Sassnitz 51, 52
– Hochuferweg 55
– Schiffsausflüge 55
– Schmetterlingspark 55
– Seebrücke 53
– Stadthafen 52
Sassnitz/Mukran 51
Schären 9, 96
Schärengarten 107
Schleswig-Holsteinisches Freilichtmuseum 35
Schweden 96, 128
Seekrankheit 20
Seenotrettungsübung 25
Sibelius, Jean 89
Sicherheit 24
Singende Revolution 13, 75
Singles 24
Sopot 56, 58
Sport 17
St. Petersburg (Russland) 5, 8, **80**
– Admiralität 5, 81
– Alexander-Newski-Kloster 85
– Anitschkow-Brücke 83
– Anitschkow-Palast 83
– Bauernmarkt 86
– Belosselskij-Beloserskij-Palast 83
– Café Singer 83
– Christi-Auferstehungs-Kathedrale 83
– Dom Knigi 82
– Eremitage 80
– Erlöserkirche 83
– Generalstabsgebäude 82
– Gostinyi Dwor 83
– Grand Hotel Europe 83
– Isaakskathedrale 5, 85
– Kasaner Kathedrale 82
– Metro 83
– Moskauer Bahnhof 86
– Nevskij prospekt 81, 82
– Ostrowski-Platz 83
– Passasch 83
– Pawlowsk 86
– Peterhof 86
– Peter-Paul-Festung 81, 84
– Puschkin 86
– Puschkin-Theater 83

– Schlossplatz 82
– Strelka 81
– Teremok 83
– Winterpalast 81
– Zarskoje Selo 86
Stockholm (Schweden) 96
– Den Gyldene Freden 105
– Djurgården 97
– Djurgården-Fähre 99
– Dramaten 103
– Drottningholm 107
– Fjäderholmarna 107
– Fotografiska 98
– Gamla stan 104
– Gröna Lund 99
– Historiska Museet 10
– Kulturhuset 103
– Kungliga Slottet 103
– Kungsträdgården 103
– Nationalmuseum 97
– Nobelmuseet 104
– Nordiska Kompaniet (NK) 103, 105
– Operahuset 103
– Prins Eugens Waldemarsudde 99
– Rathaus 102
– Schloss 103
– Sergels Torg 103
– Skansen 99
– Skeppsholmen 99
– Slussen 96
– Stadshuset 102
– Storkyrkan 104
– Stortorget 104
– Strindbergsmuseet 97
– Tunnelbana 97
– Vasamuseet 98
– Wachablösung 104
Stralsund 10
Strom 25
Suomenlinna 96

Tagesprogramm 17
Tallinn (Estland) 11, 12, **72**
– Alexander-Newski-Kathedrale 79
– Altstadt 76
– Dicke Margarete 76
– Domberg 78, 79

Register

- Dominikanerkloster 77
- Domkirche 79
- Estnisches Museum für Seefahrt 76
- Haus der Großen Gilde 78
- Heiliggeistkirche 77
- Kadriorg 74
- Katharinengasse 77
- Museum für Estnische Geschichte 78
- Nikolaikirche 78
- Olaikirche 76
- Rathaus 77
- Ratsapotheke 77
- Rotermannviertel 73
- Schloss 79
- Stadtmauer 72
- Stadtmuseum 78
Telefon 25

Telefonvorwahl 18
Travemünde 36, 42
Trelleborg 10
Trinkgelder 25

Überblick 18
Umweltprobleme 11
Unterhaltung 17

Vaxholm 107
Visa 23
Visby (Schweden) 108
- Burmeister-Haus 111
- Domkyrka 111
- Gotlands Fornsal 111
- Kunstmuseum 111
- Medeltidsveckan 109
- Sankta Karin 111
- Stadtmauer 111
- Stora Torget 111
- Strandgatan 110

Währung 18
Waräger 10
Warnemünde 48
Warnemünder Woche 50
Waschsalon 18
Weiße Nächte 8
Wellness 17
Wertsachen 24
Wikinger 9
Wikingerzeit 10, 12

Zarskoje Selo 86
Zeitzonen 11
Zoll 25
Zoppot 58
Zweiter Weltkrieg 13

Das Klima im Blick — atmosfair

Reisen bereichert und verbindet Menschen und Kulturen. Wer reist, erzeugt auch CO_2. Der Flugverkehr trägt mit einem Anteil von bis zu 10 % zur globalen Erwärmung bei. Wer das Klima schützen will, sollte sich für eine schonendere Reiseform (z. B. die Bahn) entscheiden – oder die Projekte von *atmosfair* unterstützen. *Atmosfair* ist eine gemeinnützige Klimaschutzorganisation. Die Idee: Flugpassagiere spenden einen kilometerabhängigen Beitrag für die von ihnen verursachten Emissionen und finanzieren damit Projekte in Entwicklungsländern, die dort den Ausstoß von Klimagasen verringern helfen. Dazu berechnet man mit dem Emissionsrechner auf *www.atmosfair.de*, wie viel CO_2 der Flug produziert und was es kostet, eine vergleichbare Menge Klimagase einzusparen (z. B. Berlin – London – Berlin 13 €). *Atmosfair* garantiert die sorgfältige Verwendung Ihres Beitrags. Klar – auch der DuMont Reiseverlag fliegt mit *atmosfair*!

Autor | Abbildungsnachweis | Impressum

Unterwegs mit Christian Nowak
Christian Nowak lebt und arbeitet als freier Reisejournalist und Fotograf in Berlin. Er ist Autor von mehr als drei Dutzend Reiseführern und Bildbänden, außerdem schreibt er für Magazine und Zeitungen und ist Mitherausgeber eines Internetreiseportals. Seine Reisen führen ihn vor allem nach Skandinavien und ins Baltikum. Im DuMont Reiseverlag erschienen von ihm u. a. das Reise-Taschenbuch Estland und die DuMont Bildatlanten Norwegen, Baltikum, Island und Hurtigruten. Er ist Mitautor des DuMont-Reisehandbuchs Baltikum.

Abbildungsnachweis

DuMont Bildarchiv, Ostfildern: Umschlagklappe vorn, S. 78 (Hirth); 54 (Jung); 10, 28/29, 40/41, 43 (Kreder); 46/47, 49 (Lubenow); 102, 106/107, 108, 131, 137 (Riehle)
Bildagentur Huber, Garmisch-Partenkirchen: S. 82, 87 (Gräfenhain); 15 (Ricardo)
Sabine Kalweit, Berlin: S. 144
laif, Köln: S. 33 (Amme); 4/5, 8, Umschlagrückseite (Galli); 124 (hemis.fr); 94 (hemis.fr/Guiziou); 98 (hemis.fr/Philippe); 6 (Heuer); 65, 66, 89 (Hub); 128/129 (Le Figaro Magazine/Gladieu); 127 (Lengler); 97 (Sasse); 112, 114 (Schmid)
Look, München: 116 (age-fotostock); 110 (Greune); Titelbild (NordicPhotos)
Mauritius, Mittenwald: 62 (age); 38, 69 (imagebroker); 52 (Krüger)
Christian Nowak, Berlin: S. 13, 26/27, 50, 56, 59, 76, 92, 119

Kartografie
DuMont Reisekartografie, Fürstenfeldbruck
© DuMont Reiseverlag, Ostfildern

Umschlagfotos
Titelbild: Kreuzfahrtschiff in Stockholm, im Hintergrund der Rathausturm
Umschlagklappe vorn: Danzig, Blick in die Frauengasse

Hinweis: Autor und Verlag haben alle Informationen mit größtmöglicher Sorgfalt geprüft. Gleichwohl sind Fehler nicht vollständig auszuschließen. Alle Angaben erfolgen ohne Gewähr. Bitte schreiben Sie uns! Über Ihre Rückmeldung zum Buch und Verbesserungsvorschläge freuen sich Autor und Verlag:
DuMont Reiseverlag, Postfach 3151, 73751 Ostfildern,
info@dumontreise.de, www.dumontreise.de

3., aktualisierte Auflage 2015
© DuMont Reiseverlag, Ostfildern
Alle Rechte vorbehalten
Redaktion/Lektorat: Petra Juling, Sebastian Schaffmeister
Grafisches Konzept: Groschwitz/Blachnierek, Hamburg
Printed in China